A Choice Collection of Gaelic Poems

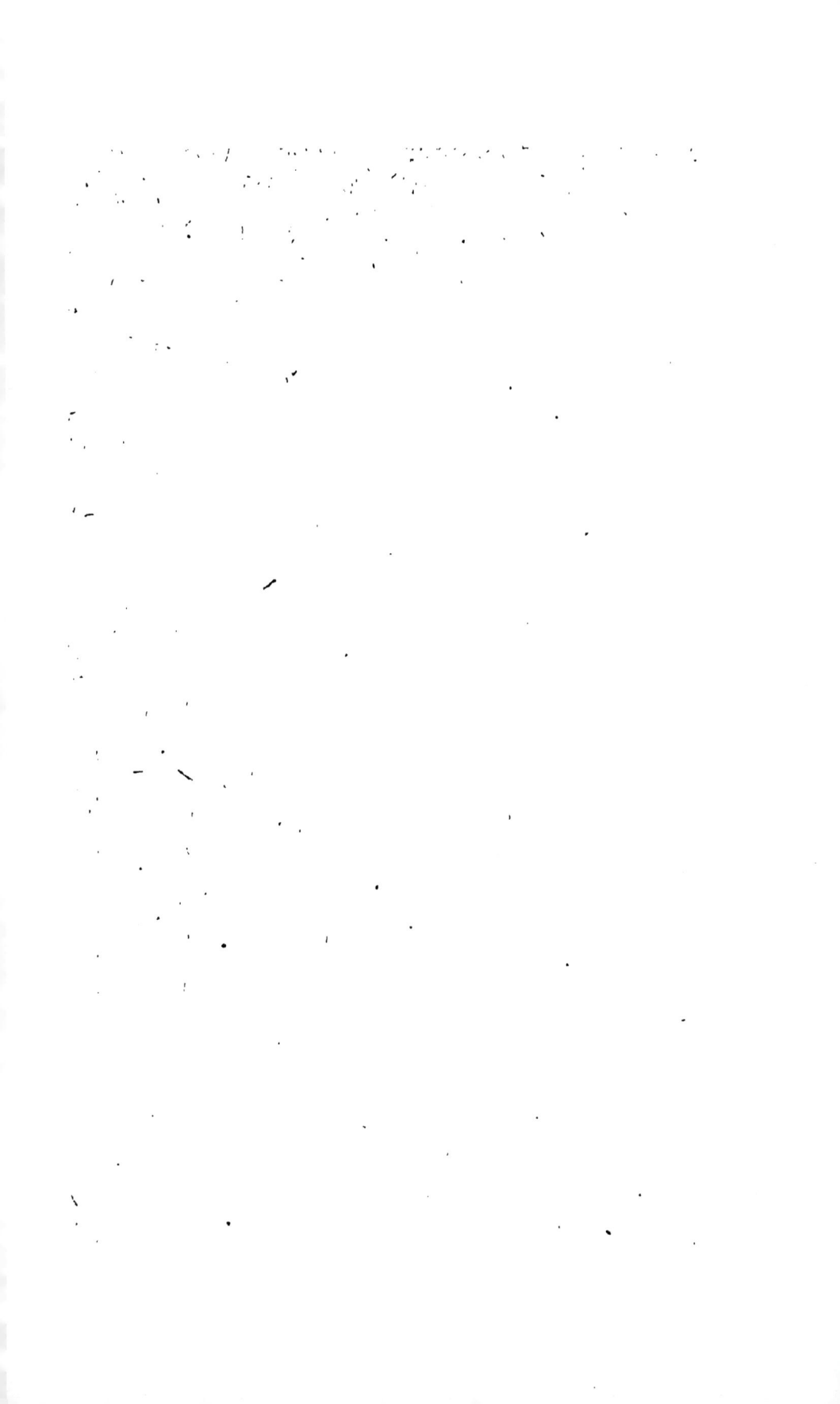

A

CHOICE COLLECTION

OF

GAELIC POEMS,

WITH THE

THIRD BOOK OF HOMER'S ILIAD,

TRANSLATED INTO GAELIC;

TO WHICH ARE ADDED

GALGACUS'S SPEECH TO THE CALEDO-
NIANS,

PYRRHUS AND FABRITIUS, &c.

———

EDINBURGH:
Printed by C. Stewart.
SOLD BY D. THOMSON, GREENOCK,
J. YOUNG & CO. INVERNESS, & D. PEAT, PERTH.
———
1813.

CO'-CHRUINNEACHADH

DE

DH' ORAIN AGUS DE LUINNEAGAIBH

THAGHTA

GHAE'LACH,

MAILLE

Ris an Treas Duan de Sgeulachd na Tròidhe
air a chuir an Gaelig o'n Ghrèugais, &c. &c.

LE

P. MACPHARLAIN.

Cha b'e comunn an dà ghann
A bha shannt orm bhi agam riut ;
Ach an rud a bhiodh agad thoirt uait,
'San rud a bhiodh uait thoirt duit :
Cha b'ionann a's comunn nam Maor
Air an taobhsa nach bitheadh gann :
B'e'n comunnsa tarruing a nunn,
Ach cha bu chomunn ach a nunn 'sa nall.

DUN-EUDAINN:

Clò-bhuailte le T. Stiubhart,

1813.

80

CLAR INNSIDH.

MEARACHDAN.

Tdobh.	Sreath.				
27	25	árson	shuibhlaich	leugh	shiubhlaich
42	29	——	chithibhdoirbh	——	chithibh doirbh
49	11	——	crann	——	ceann
55	33	——	Ghriann	——	Ghrian
61	3	——	thuathanch	——	thuathanach
69	29	——	siublach	——	siubhlach
143	31	——	riunn	——	rinn

ORAIN GHAE'LACH.

BEANNUCHA LUINGE,

Maille ri prosnucha Fairge, a rinneadh do Sgioba Biorluinn le Tighearna Chlann Raonuill, le ALASTIOIR MAC DHOMHNUILL.

GUM beannuiche Dià Long Chlann-Raon-
  A cheud là do chaidh air sàile,　　[uill,
E fein, 's a thrèin-fhir ga caitheamh,
  Trein a chaidh thar mathas chàich:
Gam beannaich an Co-dhia naomh,
  An iunrais anail nan speur,
Gun sguabta garbhlach na mara,
  G'ar tarruing gu Cala rèidh.
Athair a chruthaich an fhairge!
  'S gach gaoth a sheideas as gach àird,
Beannuich ar caol-bharc 's ar gaisgich,
  'S cum i fein 's a gasrai slan.
A Mhic beannuich fein ar n-achdair,
  Ar siùil, ar beirtein, 's ar stiùir,
'S gach droinip tha crochta r'ar crannaibh,
  'S thoir gu cala sinn le d' iùl.
Beannuich ar rachdan, 's ar slat,
  Ar crainn 's ar taoduibh gu leir;

A

Ar stadh, 's ar tarruing cum falluin,
  'S na leigsa 'nar caramh beud.
An Spiorad Naomh biodh air an stiùir,
  Seoladh è 'n t-iul a bhios ceart;
'S eòl da gach long-phort fo'n ghrein,
  Tilgeamaid sinn fèin fo bheachd.

Beannucha nan Arm.

Gum beannuiche Dia ar claidhean,
  'S ar lannan spainteach, geur glas,
'S ar lùirichean troma màilleach,
  Nach geairte le faobhar tais;
Ar lannan cruaghach, 's ar gòrsaid,
  'S ar sgiathan an-dealbhach dualach;
Beannuich gach armachd gu-iomlan,
  Th' air ar n-iomchar 's ar crios-guala;
Ar boghannan foinealach iubhair,
  'Ghabhadh lugha ri uchd tuasaid;
'S na saighde beithe nach spealgadh,
  Ann am balgan a bhruic ghruamaich.
Beannuich ar biodag, 's ar daga;
  'S ar n-èile gast ann an cuaichein,
'S gach trealaich cath agus còmhraig,
  Tha 'm bàrc Mhic-Dhomhnuill san uair so.
Na biodh simplidheachd oirbh no taise,
  Gun dol air ghaisge le cruadal,
Fad 's a mhaireas ceithir bùird dith,
  No bhios càraid shùth dhi fuaighte;
'M fad 's a shnàmhas i fo'r casan,
  Na dh'uireas cnag dhi an uachdar,
A dh' aindeoin aon fhuathas gam faic sibh,

Na meataicheadh gart a chuain sibh:
Ma ni sibh cothacha ceart,
   'S nach mothaich an fhairge sibh dìbli,
'Gun islich a h-àrdan 'sa beachd,
   'S gar cothacha sgairteil gun striochd i.
Do chèile comhraig air tìr,
   M' ar faic i thu cinntean tais,
'S dòch' i bhogacha 's an stri,
   No chinntean idir ni's brais ;
'S amhuil sin ata mhuir mhor,
   Coisinn i le colg 's le sùrd,
'S gun ùmhlaich i dhuit fa-dheoi,
   Mar a dh' orduich Righ nan dùl.

Prosnuchadh iumrai gu ionad seolai.

Gun cuirt an Iubhrach dhubh-dhealbhach,
   An àite seolai,
Sàthaibh a mach cleathan righne,
   Liath-lom còmhnard ;
Ràmhan mìn-lunnacha dealbhach,
   Socair eutrom,
A ni'n t-iumra toirteil calma,
   Bos-luath, caoir-gheal ;
Chuireas an fhairge 'na sradaibh,
   Suas 'na speuraibh,
'Na teine-siunnachain a' lasa,
   Mar fhras èibhlean ;
Le buillean gailbheacha tarbhach,
   Nan cleth troma,
A bheir ar bochd-thuinn thonn'aich,
   Lot le'n cromadh,

A 2

Le sgeañaibh nan ramh geal tana,
  Buala cholluin,
Air mullach nan gorm-chnochd, ghleannach,
  Gharbhlach, thomach:
O! sìnibh 'stàrnuibh, agus lùbaibh,
  Ann sna bachdaibh!
Na gallain bhas-leathann, ghiùsaich
  Le lùs ghlac-gheal.
Na fuirbinean troma, treuna,
  A' luidhe suas orr,
Le'n gaoirdeanaibh dòideach, feitheach,
  Gaoisneach, cnuachdach,
Thogas 's a' leagas le chèile,
  Fo aon ghluasad,
A gaithean liath-reamhar, rèithe,
  Fo bhàrr stuaghan;
Iurchuilich garbh 'an tùs clèithe,
  'Geubhach suas orr;
Iorram dhùisgeas an speurad,
  Ann sna guaillnibh;
'Sparras a Bhìrlinn le sèitrich,
  Roi gach fuar-ghleann;
Sgolta na bòchd-thuinn a'beucaich,
  Le saidh chruai-chruim,
Dhiumaineas beanntainin beustail,
  Roi da ghualain.
Hùgan air cuan, nuallan gàirich,
  Heig air chnagaibh,
Fathram le bras-ghaoir na bàirlinn,
  Ris na maidibh;
Raimh gam pianadh, 's bolgain fhola,
  Air bois gach fuirbi;
Na suinn laidir gharbha thoirteil,
  'S cop gheal iumradh,

'Chreanaicheas gach bord ga daroch,
　Bìgh a's iarunn;
'S lannan gan tilgeil le staplainn,
　Chnap ri sliasaid;
Foirne fearail, a bheir tulga,
　Dugharra, dàichail,
'Sparras a chaol-bhairc le giusaich,
　'N aodan aibheis,
Nach pillear le frigh nan tonn dubh-ghorm,
　Le lùths ghàirdein;
Sud an sgioba neart'or, shùrdail,
　Air chùl àlaich,
Phronnas na cuairteagan cùl-ghlas,
　Le roinn ràmhachd,
Gun sgios gun airtneal gun lubadh,
　Ri h-uchd gàbhaidh.

━━━━

'N sin an diaigh do na sea-fearuibh-deug,
suidh air na ràimh, chum a h-iumra, fo'n
ghaoith gu ionad seolai, do ghlaodh CALUM
GARBH, *Mac Raonail nan Cuan, Iorram*
orra, 's è air ràmh-braghad, agus 's i so i.

'S a nis o rinneadh ur tagha,
'S gur coltach dhuibh bhi 'n ar raoghain,
Thugaibh tulga neo-chlàdharra dàicheil.
　Thugaibh tulga, &c.

Thugaibh tulga neo-chearbach,
　Gun airsneal gun dearmad,
　　　　　　　A 3

Gu freasdal na gail-bheinne sàil-ghlais.
Gu freasdal, &c.

Tulga danarra treun-ghlac,
Aithris cnamhain a's feithean,
Dh' fhàgas soilleir o cheuman an àlaich.
Dh' fhagas, &c.

Sgoba fonn'ar gun èislein,
Ri garbh phrosnach a chèile,
Iorram gleust ann o bheul fir ramh bràghad.
Iorram, &c.

Cogull ramh air na bacaibh,
Leois, a's rusgadh air bhasaibh,
'S raimh d'an sniomh ann an achlaisean ard-
'S raimh, &c.   [thonn.

Biodh ur gruaidhean air lasadh,
Biodh ur bois gun leob chraicinn,
Fallas mala bras chrapa gu lar dhibh.
Fallas, &c.

Sìnibh, tàrnuibh, a's luthaibh,
Na gallain liath-leothar ghiuthais,
'S deanaibh uighe ro shruthaibh an t-sàile.
'Sdeanaibh, &c.

Cliath ramh air gach taobh dhith,
Masga fairge le saothair,
Dol 'na stìll ann an aodan na bàirlinn.
Dol, &c.

Iumra cò'-lath glan gleusta,
Sgolta bòchuinn a' beucaich,

Obair shunntach gun eislein gun fhàrdul.
  Obair, &c.

Buailibh co-thromach trein i,
Sealltuinn tric air a chèile,
Dùisgibh spiorad 'nar feithibh 'snar gàird'-
  Dùisgibh, &c.   [nibh,

Biodh a darach a' colluin,
'Ris na fiagh-ghleannaibh bronnach,
S a da shliasuid a'pronna gach bàrlainn.
  'S a da, &c.

Biodh an fhairge ghlas thonnach,
Ag at 'na garbh mhothar lonnach,
'S na h-ard-uisgeachan bronnach sa ghàirich.
  'S na, &c.

A ghlas-fhairge sior chopadh,
A steach mu da ghualain thoisich,
Sruth ag osnaich a' sloistreadh a h-earr-linn.
  Sruth, &c.

Sìnibh, tàrnuibh, a's lùbaibh,
Na gathain mhin lunnach chùl-dearg,
Le iumaircidh smuis ar garbh ghàirdein,
  Le iumaircidh, &c.

Cuiribh fothaibh an rugh ud,
Le fallas mhail'ean a'srutha,
'Stogaibh seoil ri o Uist nan crà-ghiadh.
  'Stogaibh seoil, &c.

Dh' iumair iad 'an sin gu iońad seolaidh.

An sin thàr iad an seoil shioda,
   Gu fìor ghasta,
'Shaor iad na sea-raimh-dheùg,
   A' steach ro'm bacaibh,
Sgathadh grad iad sios ra sliasuid,
   Sheachna bhac-bhreid.
Dh' orduich Clann-Raonuill d' an-uaislibh,
   Sàr sgipirean cuain bhi aca,
Nach gabhadh eagull roi fhuathas,
   No gne thuaireadh a thachradh.

———

*Dh' orduicheadh an diaigh an tagha nah,
uile duine dhol 'an seilbh a ghram' àraidh fein-
'sna cho-lorg sin ghlaodhadh ri fear na stiuir
suidh air stiuir ann sna briathraibh so :*

Suitheadh air stiuir trom laoch leathunn,
   neart'ar fuasgailte,
Nach tilg bun no bàrr na sùmaid,
   Fairge uaithe ;
Claireanach taiceil, lan spiunnaidh,
   Plocach, màsach,
Min-bheumnach, faicleach,
   Furachail, lan nàistin ;
Bunnsai cud'romach,
   Garbh, sòcair, seolta, luth'or ;
Airmseach, faighidneach, gun ghriomhag,
   Ri h-uchd tùilin ;

5

'Nuair a chi e 'n fhairge ghiobach,
   Teachd le bùirein,
Chumas a ceann caol gu sgibidh,
   Ris 'na sùghaibh ;
Chumas gu socrach a gàbhail,
   Gun dad luasgain,
Sgod as cluas 'ga rian le amharc,
   Suil air fuaradh ;
Nach caill aon oirleach na h-ordaig,
   Ga cheàrt chùrsa;
'Dh' aindeoin bàrr sùmadain mara,
   Teachd le sùrdaig :
Theid air fuaradh leatha cho daingean,
   Mas a h-èigin,
Nach bi lann, no reing 'na darach,
   Nach tòir eubh asd ;
Nach taisich a's nach teid 'na bhreislich,
   Dh' aindeoin fuathais,
Ge do dh'atadh a mhuir cheann-ghlas
   Suas ga chluasaibh :
Nach b'urrainn am fuiribi chreanacha,
   No ghluasad,
O ionad a shuidh, 's è tearuinte,
   'S ailm 'na asguil,
Gu freasdal na seana-mhara ceann-ghlais,
   'S gleann-ghaoir ascaoin,
Nach critheanaich le fuara cluaise,
   An taod aoire,
Leigeas leatha ruith a's gabhail,
   'S làn a h-aodaich :
Cheanglas a gabhail cho daingean,
   'M barr gach tuinne,
Falbh direach 'na still gu càlta,
   'N aird gach buinne.

Dh' òrduicheadh amach fear beairte.

Suitheadh toirt-laoch garbh dhòideach,
    'An glaic beairte,
A bhios staideil lan do churam,
    Graimpi glac-mhor ;
Leigeas cudthrom air ceann slaite,
    Ri h-àm cruaighich,
Dh' fhaothaicheas air crann 's air acfuinn,
    Bheir dhoibh fuasgladh :
Thuigeas a ghaoth mar a thig i,
    Do reir seolaidh,
Fhreagras min le fearas beairte,
    Beum an scòid-fhir ;
'Sior chuideacha leis an acfuinn,
    Mar fàilnich buill bheairte
      Reamhar ghaoiste.

Chuireadh air leth fear Scòid.

Suitheadh feas Scòid air an toutaidh
    Gaoirdean laidir,
Nan righinin gaoisneach, feitheach,
    Reamhar, cnàmhach : :
Cràgan tiugha leathann clianach,
    Meur gharbh chrochdach ;
Mach 's a steach an scoid a leigeas,
    Le neart sgrobaidh ;
'An àm cruaighich a bheir thuig è,
    Gaoth ma sheideas,
S nuair a ni an oiteag lagadh,
    Leigeas beum leis.

Dh' orduicheadh air leth fear cluaise

Suitheadh fear craparra, taiceil,
 Gasta, cuanta,
Laimhsicheas a chluas neo-lapach,
 Air a fuaradh ;
Bheir imirich sios sa suas i,
 A chum gach urracaig,
A reir 's mar thig an soirbheas.
 No barr urchaid ;
'S ma chi è 'n ionrais a'g èiridh,
 Teachd le h-osnaich,
Lomadh è gu gramail treun-mhor
 Sios gu stoc i.

Dh' orduicheadh do'n toiseach fear colais.

Eireadh mar-nialach na sheasamh,
 Suas do'n toiseach,
'S deanadh è dhuinn eolas seasmhach,
 Caladh a choisneas ;
Sealladh è'n ceithir àirdean,
 Cian an aigheir,
'S innseadh e do fhear na stiuradh,
 'S math a gabhail.
Glacadh è comhara tìre,
 Le sar-shùil-bheachd,
O'n 'se sin is Dia gach sìdigh,
 'S is reul iuil duinn.

Chuireadh air leth fear calpa na tairne.

SUITHEADH air calpa na tairne,
    Fear guu-soistinn,
Snaomanach fuasgailteach, sgairteil,
    Foinni soiltè;
Duine cùramach gun ghriobhag,
    Ealamh gruamach;
A bheir uaip a's dhith mar dh' fheumas,
    Gleusta luaineach :
Laitheas le spaoghanna troma,
    Trein air tarraing ;
Air cudthrom a dhòid a' cromadh,
    Dh' ionnsuidh daraich ;
Nach ceangail le sparraig mun urracaig,
    An taod frithir ;
Ach gabhail uime gu daingean seolta,
    Le lùb-rithidh ;
Air eagal 'n uair sgairte an t-ausadh,
    I chuir stad air,
Los i ruith 'na stìll le crònan,
    Far na cragaibh.

———————

Chuireadh air leth fear innse nan uisgeachan,
  's an fhairge air cinntin tuille 's molach,
  agus thuirt an Stiuireamach ris.

SUITHEADH fear innse gach uisge,
    Lamh ri m' chluais-sa,
'S cumadh è a shùil gu biorach,
    'An cridh an fhuaraidh ;

Taghaibh an duine lèth eagallach,
  Fiamhach sicir,
'S cha mhath leam è bhi air fad,
  'Na ghealtaire riochdail ;
Biodh e furachair 'n uair chi è,
  Fuara froise,
Co dhiubh bhios an soirbheas,
  Na deire no na toiseach ;
'S gun cuireadh è mis air m' fhaicill,
  Suas d'am mhosgladh,
Ma ni è gnè chunnairt fhaicinn,
  Nach bi tostach :
'S mu chi è coltas muir bhàite,
  Teachd le nuallan,
A sgairteas cruaidh, ceann caol a fiodha,
  Chumail luath ris ;
Biodh è ard.labhrach, cèillidh,
  'Geubhach barr-linn ;
'S na ceileadh è air fear na stiuireach,
  Ma chi gàbhadh :
'Na biodh fear innse nan uisge
  Ann, ach e-san ;
Cuiridh gioblhag, brit a's gusgal,
  Neach 'na bhreislich.

———

Db' orduicheadh a mach fear taomaidh, 'san
fhairg a' bàrcadh air am muin rompa 's nan
dèigh.

FREASDLADH air leapa na taoma,
  Laoch bhios fuasgailte,
Nach fannuich gu brath 's nach tiomaich,
  Le gàir chuantaibh ;
Nach lapaich, 's nach meataich,
  Fuachd, sàile, no clach-mheallain

B

Laomadh mu bhrollach 's mu mhuineal,
   'Na fuar steallaibh :
Le crumpa mor cruinn tiugh fiodha,
   'Na chiar dhòidibh,
Sior thilge mach na fairge,
   ·A steach a dhoirteas :
Nach dirich a dhruim luth'or,
   Le rag earlaid,
Gus nach fag è sile 'n grunnt,
   Nan lar a h-earrluinn;
'S gedo chinneadh a buird cho tolltach
   Ris an ridil,
Chumas cho tioram gach cnag dhith,
   Ri clàr buideil.

———

Dh' ordaicheadh dithis gu dragha nam ball
chul-aodaich, 's coltas orra gun tugta na
siuil uatha le ro ghairbhead na sìde.

CUIRIBH caraid laidir chnamh-reamhar,
   Gairbneach, ghaoistneach,
Gum freasdaladh iad tearuint trein ceart i,
   Buill chul-aodaich ;
Le smuis a's le miad lùis,
   An righin treuna,
'N am cruaghaich bheir orr a steach,
   No leigeas beum leis,
Chumas gu sgibidh a stigh è,
   'Na teis meadhon,
Dh' ordaichean Donnacha Mac-Charmaig,
   A's Iain Mac-Iain,
Dithis starbhanach theoma, ladurna,
   Do fhearaibh Chana.

Thagha seiseir gu' fearas ùrlair, an earalas
gum failnicheadh a h-aon do na thuirt mi,
no gun spionadh onfhadh na fairge mach
thair bord iad, 's gun suidheadh fear dhiu
so na àite.

EIREADH seiseir ealamh ghleusta,
    Lamhach bheòtha,
Shiubhlas, 'sa dh 'fhalbhas, 's a leumas,
    Feadh gach bord dith,
Mar ghearr-fhiagh am mullach sleibhe,
    'S coin d'a còpadh ;
'Streupas ri cruaigh bhalluibh rèithe,
    Do'n chaol chorcaich,
Cho grad ri feoragan cèitein,
    Ri crann ro-choill ;
A bhios ullamh ealamh, treubhach,
    Falbhach eolach,
Gu toirt dhith, 'sgu toirt an ausadh,
    'S clausail ordun,
Chaitheas gun airtsneul gun èislein,
    Long mhic Dhomhnuill.

———

Do bha nis na h-uile goireas a bhuineadh do 'n
t-seoladh, air a chuir 'an deagh riaghailt,
agus a theann na h-uile laoch tapaidh gun
taise, gun fhiamh, gun sgàthachas chum a
cheairt ionaid an d'orduicheadh dha dol ;
agus thog iad na siuil ma èiridh na greine

la-fhill-bride, a'togail a mach o bhun Loch-
aineirt, 'an Uist a chinn a' deas.

Gʀɪᴀɴ a faosgnaidh gu h-òr-bhui, as a mogul,
    Chinn an speur gu dùbhui dòite,
    Lan do oglui' eachd;
Dh' fhàs i tonn-ghorm, tiugh, tàr lachdunn,
    Othar iargalt;
Chinn gach dath bhiodh ann am breacan,
    Air an fhiarmailt.
Fada cruaidh san aird an iar orr,
    Stoirm 'na coltas,
'S neoil shiubhlach aig gaoth gan riasladh,
    Fuaradh frois orr.
Thog iad na siuil bhreaca,
    Bhaidealacha dhiònach;
S shìn iad na calpannan raga,
    Teanna righne,
Ri fiodhanan arda fada,
    Nan colg bi-dhearg;
Cheangladh iad gu gramail snaompach,
    Gu neo-chearbach,
Roi shùilean nan cromag iarruinn,
    'S nan cruinn ailbheag.
Cheartuich iad gach ball de'n acfuinn,
    Ealamh doigheil;
'S shuidh gach fear gu freasdal tapaidh,
    'Bhuill bu choir dha;
'Nsin dh' fhosgail uinneagan an aidheir.
    Ballach liath ghorm,
Gu seide na gaoithe greannaich,
    'S bannail iargalt;
Tharraing an cuan a bhrat dù-ghlas,
    Air gu h-uile,
Amhantul garbh caiteanach, ciar-dhubh,

Screiti buinne,
Dh'at è 'na bheannaibh 'sna ghleannaibh,
   Molach, ròbach;
Gun do bhòchd an fhairge cheigeach,
   Suas na cnochdaibh;
Dh' fhosgail a mhuir ghorm na craosaibh,
   Farsuing crachdach,
'An gloicibh a chèile ri taosgadh,
   'S caonnag bhasmhor :
Gum b'fhear-ghniomh bhi 'g amharc 'an
   Nam maom teinnti,   [aodan,
Lasraichean stradanach sionnachain,
   Air gach beinn diùbh ;
Na beulanaich arda liath-cheann,
   Ri searbh bhèiceil ;
Na culanaich 's an cladh dudaid,
   Ri fuaim ghèimnich.
N'uair dh'eirigh' mid gu h-alloil,
   Am barr nan tonn sin,
B' eigin an tausadh a bhearradh,
   Gu grad phongail :
Nuair thuiteamaid le h-aon slugadh,
   Sios 'sna gleanntaibh,
Bheirte gach seol a bhiodh aice,
   'Am barr nan crann dith : ·
Na ceòsanaich arda chroma,
   Teachd 's a bhàirich,
M'an tigeadh iad idir 'nar caramh,
   Chluinte 'n gàirich ;
- Iad a' sguaba nan tonn beaga,
   Lom gan sgiursadh,
Chinneadh i 'na h-aon mhuir bhàs'oir,
   'S càs a stiuradh ;
'Nuair a thuiteamaid fo bharr,
   Nan ard-thonn giobach,

B 3

Gur beag nach dochaineadh a sàil,
   An taigeal sligneach ;
An fhairge ga maistridh 'sga sluistreadh,
   Roi a chèile,
Gun robh Ròin a's mialan mora,
   'Am barrachd eigin ; ,
Onfadh a's tonnan na mara,
   A's falbh na luinge,
A' sradadh an eanchainean geala,
   Feadh gach tuinne ;
Iad ri nuallanaich ard-uamhannaich,
   Searbh thùrsach ;
'G eubhach, gur h-iochdrain sinne,
   Dragh chum bùird sinn :
Gach min-iasg a bh'ann san fhairge,
   Tarr-gheal, tiunntait ;
Le gluasad confach na gailbhein,
   Marbh gun chunntas ;
Clachan a's maorach an aigeil,
   Teachd an uachdar,
Air am buain a nuas le slachdraich,
   A chuain uaibhrich ;
An fhairge uile 'si 'na brochan,
   Strioplach, ruaimleach,
Le fuil 's le gaor nam biast lorcach,
   'S droch dhath rùagh orr ;
Na bèistean adharcach iongach,
   Pliutach lorcach ;
Lan cheann sian nam beoil gu'n gialaibh,
   'S an craos fosgailte ;
An aibheis uile lan bhochdan,
   Air cragradh,
Le spogan,'sle iarbull mor bhiast,
   Air magradh ;
Bu sgreumhail an ròbhain scriachach,

Bhi 'ga eisteachd,
Thogadh iad air caogad mìle,
Eatrom cèille ;
Chaill an sgibe càil an claisteachd,
Ri bhi 'g èisteachd,
Ceileirean sgreiti nan deamhan,
'Smòthar bheistean.
Fadhghair na fairge 'sa slachdraich,
Gleachd ri' darach,
Fosghair a toisich a sloistreadh,
Mhuca-mara;
A' Ghaoth ag ùrachadh a fuaraidh
As an ian-aird ;
Bha sinn leis gach seorta buairidh,
Air ar pianadh ;
'S sinn dallta le catha fairge,
'Sior dhol tharuinn,
Tairneanach aibheasach re oi'cha'
'S teine dealain ;
Peileirean bethrich a' losgadh,
Ar cuid acfuinn ;
Faile a's deathach na riofa,
Gar glan tacadh :
Na dùilean uachdrach a's iochdrach,
Ruinn air togail :
Ach 'n uair dh'artlaich air an fhairge,
Toirt oirn striòchda,
Ghabh i truas le fàite gàire,
Rinn i sìth ruinn ;
Ge d'rinn, cha robh crann gur lubadh,
Seol gun reubadh ;
Slat gun sgaradh, rachd gun fhàilling,
Ràmh gun èisleir ;
Cha robh stagh ann gun stuadh leimneach,
Beairt a ghaisidh ;

Tarung no cupladh gun bhriste,
 Fise Faise.
Cha robh touta no beul-mor ann,
 Nach tug aideach,
Bha h-uile crann-ghabhail agus goireas,
 Air an lagadh.
Cha robh achlaisin no aisne'dhi,
 Gun fhuasgladh,
A slat bheoil 'sa scuitchinn ascuil,
 Air an tuairgneadh ;
Cha robh falmadair gun sgolta,
 Stiuir gun chreuchadh ;
Cnead a's diosgan aig gach maide,
 'Siad air deasgadh ;
Cha robh crann.tarrun gun tarruing,
 Bord gun obadh ;
H-uile lann bha air am barradh,
 Ghabh iad togail;
Cha robh tarrung ann gun tràladh,
 Cha robh calpa ann gun lubadh ;
Cha robh ball a bhuine dhise,
 Nach robh ni's measa na thùradh.
Ghairm an fhairge siochaint ruinne,
 Air crois Chaol Ila,
'S gun d'fhuair agharbh ghaoth, shearbh-
 Ordugh sìnidh : [ghloireach,
Thog i uainn do ionadaibh uachdrach,
 An adhair ;
'S chinn i dhuinn na clàr rèith mìn-gheal,
 'N deigh a taghunn :
'S thug sinn buidheachas do'n ard-Righ
 Chum na dùilean,
Deagh Chlann-Raonuill a bhi sàbhailt,
 O bhàs bruideil ;
'San sin bheum sinn a siuil,

Thana, bhallach, do thuillin ;
'S leag sinn a crainn mhìn-dearg ghasta,
   Air fad a h-ùrlair ;
'S chuir sinn a mach ràimh chaol bhasgant,
   Dhaite mhìne,
Do'n ghiùbhas a bhuain Mac-Bharais,
   An Eilean-fhìonain ;
'S rinn sinn an t-iumra rèith tulganach,
   Gun dearmad ;
'S ghabh sinn deagh long-phort aig barraibh,
   Charraig Fhearghais ;
Thilg sinn Achdraichean gu socair,
   Ann san ròd sin ;
Ghabh sinn biadh a's deoeh gun airceas,
   'S rinn còmhnuidh.

Miann a Bhàird aosda.

O càiribh mi ri taobh nan allt,
A shiubhlas mall le ceumaibh ciùin ;
Fo sgàil a bharraich leag mo cheann,
'S bith thus a ghrian ro-chairdeil rium.

Gu socair sìn 's an fheur mo thaobh,
Air bruaich nan dìthean 's nan gaoth tla,
Mo chos ga slioba 's a bhraon mhaoth,
'S è lùba thairis caoin tre'n bhlàr.

Biodh sòbhrach bhàn is àilli snuadh,
M'an cuairt do m' thulaich, 's uain fo dhrùchd
'S an neonain beag 's mo lamh air chluain,
'S an ealbhuigh mo chluas gu cur.

M'n cuairt do bhruachaibh ard mo ghlinn,
Biodh luba gheug a's orra blàth,
'S clann bheag 'n am preas a' tabhairt seinn,
Do chreagaibh aosd le òran gràidh.

Briseadh tro chreag nan eithean dlu,
Am fuaran ùr le toraman trom,
'S freagrai mac-talla gach ciùil,
Ri srann-fhuaim srutha dlù nan tonn.

Freagrai gach cnoc agus gach sliabh,
Le binn-fhuaim gheur nan aighean mear ;
'N sin cluinni mise mìle geum,
A' ruith m' an cuairt domh 'n iar 's an ear.

Sruthaidh air sgéimh na h-osaig mhin,
Glaòghan maoth nan crò mu'm chluais :
'N sin freagrai mheanbh spreidh, 'n uair
An gineil, 's iad a' riuth a nuas. [chluinn,

M' an cuairt biodh lu-chleas nan laogh,
Ri taobh nan sruth, no air an leirg ;
'S am minnein beag do'n chò'rag sgìth,
A'm achlais a' cadal gun cheilg.

A cheum an t-sealgair ri mo chluais,
Le sranna ghath, a 's choin feadh sleibh,
'N sin dearsaidh an òig air mo ghruaidh,
'N uair dh' eireas toirm air sealg an fhèidh.

Duisgi 'n smior 'am chnaimh 'n uair chluinn,
Mi tailmrich dhos, a's chon, a's shreang,
'N uair ghlaodhar " *Thuit an Damh,*" thá mo
A' leum gu beo ri ard nam beann. [bhuinn,

'N sin chi mi, air leam, an gadhar,
A leanadh mi an-moch a's moch ;
'S na sleibh bu mhiannach leam taghall,
'S na Creagan a fhreagra do'n dos

Chi mi 'n Uaimh a ghabh gu fial,
'S gu tric ar ceumaibh roi'n oidhche ;
Dhuisgeadh ar sunnt le blàs a crann ;
'S an sòlas chuach bha mòr aoibhneas.

Bha ceo ar fleadh bhàrr an fhèigh,
Ar deoch a Trèig, 's an tonn ar ceol ;
Ge d' sheinneadh Taisg, 's ge d' rànadh slèibh,
Sinnte 's an Uaimh b' u shèimh ar neoil.

Chi mi Beinn-ard is àilli fiamh,
Ceann-feadhna air mìle beann ;
Bha aisling nan Damh 'na ciabh,
'S i leaba nan nial a ceann.

Chi mi Sgurr-eilt air bruach a ghlinn,
An goir a chuach gu binn an tòs,
A's gorm Mheall-eilt na mìle giubhas,
Nan Luban, nan Earba 's nan Lon.

Bithidh tuinn òg a' snàmh le sunnt,
Thair lingi 's mine giubhas gu luath,
Srath-giubhais uaine air a cheann,
'S luba caorran dearg air bruaich.

Bithidh ealadh àluinn an uchd bhàin,
A'snamh le sprèich air bhàrr nan tonn,
'N uair thogas i sgiath an àird,
A measg nan nial, cha'n fhàs i trom.

'S tric i 'g astar th' air a chuan,
Gu aisri fhuar nan ioma ronn,
Ann snach togar breid ri crann,
'S nach do reub sron dharaich tonn.

Bi'dh thusa ri dosan nan tom,
Le cumha do ghaoil ann a' d' bheul,
Eala 'thriall o thìr nan tonn,
'S tu seinn domh ceoil 'an àird nan speur.

Co an tir o'n gluais a ghaoth,
Tha giulain glaoidh do bhroin o'n chraig ?
Oig-fhir a chaidh uainn a thriall,
'S a dh' fhàg mo chiabh glas gun taic ;

Bheil deoir do ruisg O ! thus, a rìmhinn,
Is mìne mais, 's a's gile lamh ?
Sòlas gun chrioch do'n ghruaigh mhaoth,
A chaoi nach gluais o'n leabai chaoil.

Eirich O ! thus', le d' oran ciuin,
'S cuir naigheachd bochd do cheoil a' m'
Eisdibh sibh, Mhic-thalla, gach ceoil, [bheul;
Ach an gath geal 'na muineal nach pill.

Tog do sgiath gu borb th'air chuan,
Glac do luathas o neart na gaoith,
'S aobhin ann am chluais an fhuaim,
O d' cridhe lot', an t-oran gaoil.

Innsibh o thrèig mo shuil a ghaoth,
C' àit a bheil a chuile a' gabhail tàmh,
Le glaothan broin, 's na Bric ra thaobh,
Le sgiath gun deo a' cumail blàir.

Tog mi, càiribh lé 'r laimh threin,
'S cuir mo cheann fo'n bharrach ùr,
'N uair dh' circas a ghrian gu h-àrd,
Biodh a sgiath uain os cionn mo shùl.

An sin thig thus, O aisling chiùin,
Ta 'g astar dlu 'measg reull na h-oidhche;
Biodh gniomh m' oi'che ann a d' chèol,
'S thoir aimseir mo mhuirn gu m' chuimhn.

O ! m' anam faic an Ribhinn òg,
Fo sgiath an daraich, righ nam Flath,
'S a lamh-shneachd measg a ciabhan òir,
'S a meatl-shuil chiùin air òg a graidh.

Easan a' seinn ri taobh, 's i balbh,
Le cridhe leum, 's a' snamh na cheol,
An gaol o shuil gu suil a' falbh,
Cuir stad air féigh nan sleibhte mòr.

'Nis threig an fhuaim, 's a cliabh geal min,
Rì uchd 's ri cridhe a gaoil a' fàs;
'Sa bilibh ùr mar ròs gun smal,
Mu bheul a gaoil gu dlu an sàs.

Sòlas gun chrioch do'n chomunn chaomh,
A dhuisg dhomh m' aoibhneas àit nach pill;
A's beannachd do d' anams' a rùin,
A nighean chiùin nan cuach chiabh grinn.

'N do threig thu mi, Aisling nam buadh ?
Pill, fathast, aon cheum beag, pill ;
Cha chlninn thu mi, Ochoin, 's mi truagh,
A bheannaibh mo ghraidh, slan leibh.

C

Slan le comunn caomh na h-òige,
A's òigheanan boidheach, slan liblí;
Cha leir dhomh sibh ; dhuibhse ta sòlas,
    Samhruidh ; ach dhomhsa geamhradh a
      chaoidh.

O cuir mo chluas ri fuaim Eas-mhoir,
Le chrònan a' tearnadh o'n chraig ;
Biodh cruit agus slige ri m' thaobh,
S an sgiath a dhion mo shinnsir sa chath

Thig thu le cairdeas th' air a chuan,
Osag mhin a ghluais gu mall ;
Tog mo cheo air sgiath do luathais,
'S imich grad gu eilean Fhlaitheas.

Far a bheil na Laoich a dh'fhalbh o shean,
'An codal trom, gun dol le ceol ;
Fosgluibhse thalla Oissain, a's Dhaoil,
Thig an oi'che 's cha bhi 'm Bard air bhrath.

Ach O m' an tig i, seal m'an triall ma cheo,
Gu teach nam Bard, air ard-bheinn as nach
    pill,
Thugaibh dhomh cruit 's mo shlig' a dh'
    ionnsui 'n ròid,
An sin, mo chruit, 's mo shlige ghraidh,
    Slan leibh.

AN SAMHRADH. le E. M^cL.

Air fonn, " *'An ùm dol sìos bhi deonach.*"

Moch 's mi 'g èirigh 'madainn chèjtein,
  'S drùchd air feur nan lòintean ;
Bu shunntach èibhinn càil gach crèutair,
  'Tighn le gleus am frògaibh,
Gu blàthas na grèine 'b àgh'or èirigh,
  Suas air sgeith nam mòr-bheann ;
'S è teachd o'n chuan gu dreach'or, buaghach,
  Rioghail, uasal, òr-bhui.

Tha cùirtean ceutach cian nan speuran,
  Liath-ghorm, reith mar chlàrai,
'S do sgaoil o chèile neol a sheideadh
  Stóirm nan reub-ghaoth àrda ;
Gach dùil ag èigheach iochd a's rèite,
  'N teachd a cheud mhios Mhài oirnn ;
'S gum b' ùr neo-thruailli 'n trusgan uaine,
  Air druim nan cluaintean fàsaich.

Bu chùirteil, prìseil, foirm gach eoin,
  An cuantal òrd'ail, greann'ur,
Cuir sios an sgeoil is blasta gloir,
  Air bharr nan òg-mheur samhruidh,
Le 'n ribheid chiùil gu fonn'ar dlu,
  Na puirt bu shuiblaich ranntachd ;
'S mac-talla a' freagairt fuaim am feadàin,
  Shuas 's na creugaibh gleanntach.

Bi 'n ioc-shlaint chleibh a fior shruth sleibh;
  O ghlac nam feur-choir' arda,

C 2

Le turùraich bhinn th'air bhalbhag mìn,
   A shiubhlas sios ro 'n àilein,
Mar airgiod glas, 'na choilichibh cas,
   Ri torrghan bras gun tàmh orr',
Cuir sùigh gun truaill. 's gach flùran uaine,
   'S dlù mu bhruach nam blàraibh.

B' è m' éibhneas riabh 'n uair dh' èirghe grian,
   Le cheud ghath tiorrail blàth oirn,
Bhi ceum a sios gu beul nam mìn-shruth,
   'S rè ghorm lith mar sgathan,
A' snamh air falbh gu samhach balbh,
   Gu cuantaibh gailbheinn sàil ghlais,
Tre lubaibh cam le stràithibh ghleann
   Tha tilge greann a Mhàirt diu.

Air uchd an fhior-uisg 's grinn a chitear.
   Oibreàn siannta nàduir,
Du-neoil nan speur a' falbh o chèil,
   Air chruach nan sleibhtean arda ;
Gun saoil an t-sùil gur h-ann sa ghrunnd,
   Tha dealbh gach ioghnaidh àgh'oir ;
Am bun os-ceann nan luibh 's nam crann,
   'S na bheil sa ghleann gan àrach.

Bi'dh bradan seang-mhear, druim-dhubh,
   tarr-gheal',
   'S cleoc nan meanbh-bhall ruagh air,
Beo, brisg, gun chearb air bhuinne garbh,
   O'n mhuir is gailbheach nuall·in ;
Gu-ibhteach, earr-ghobhlach, grad-mheam-
   Leum air ghear-sgiath luatha,   [nach,
Le cham-ghob ullamh cheapa chuileag,
   Bhios feadh shruth nàn cuairteag.

Gum faicte loma barr gach tomain,
Caoraich throma, liontai;
Gu ceigeach bronnach, garbh an tomalt,
Rusgach, ollach, min-tiugh;
'S an uanaibh geala, luatha, glana,
Ri cluaineis mhear a' dian-ruith,
Le meilich mhaoth m' an cuairt do'n raon,
A's pairt san fhraoch gan grianadh.

'S na trathaibh ceart thig drobh nam mart,
'An ordugh steach do'n bhuailidh,
Le 'n uithibh làn, gu reamhar làirceach,
Druim-fhionn, crà-dhearg, guailleann;
'S gach gruagach aigh gu criodhail gaireach,
Craicneach, snàthach, cuachach;
Air lom an tothair, fonn air bleothann,
Steall bu bhothar fuaimrich.

Gur h-ionmhuinn gaoir sruth-gheimnich
Ri leimnich fhaoin fea 'n àilein, [laogh,
Gu seang-brisg, uallach, eutrom, guanach,
Pòr is uaisle stràiceis,
'S iad dù-ghlas, riadhach, cas-fhionn, stial-
Bailgeann, ciar-dhubh, barr-lom, [lach,
S an earbluibh sguabach togta suas,
A' duibh-ruith nuas gu màthair.

O Shàmhruidh gheugaich; ghrianaich cheut-
Dhuillich, fheuraich, chiuin-ghil! [aich,
O' t-anàil fein thig neart a's speurad,
Do gach creutair diùidi,
Bha 'n sàs 'an slabhrui reot a gheamhrui,
Ann an àm na dùdlachd,
'S tha nis a' danns' feadh ghlac a's ghleann,
M' ad theachd a nall as ùr oirn.

C 3

'S tu tarbhach reachd'or, biachar, pailt,
     Le feart do fhrasan blàtha,
Athig nan ciubhraich mhaoth-bhuig dhriù-
     A' dorta sùigh gun fhàillinn,   [chd,
'S ann leam is tàitneach fiamh do bhrait,
     O fhlùraibh dait a ghàrruidh
Cuir dealra boisgeil reul an daoimein,
     'Mach gu druim nan àrd-bheann.

Gach fluran mais is àilli dreach,
     A' fàs 'an cleachdadh òrd'ail,
Gu rìomhach, taitneach, ciatach, snasmhor,
     Ann sann reachd bu choir dhoibh ;
An t-seamrag uaine 's barr-gheal gruag,
     A's buidheann chuachach neoinein,
Lili ghucagach nan cluigein,
     'S mile lus nach eol domh.

Bi'dh sobhrach luaineach, gheal-bhui, chluas-
     Ann am bruach nan alltaibh,   [ach,
'Sa bhiolair uain air taobh nam fuaran,
     Gibeach, cluaineach, cam-mheur ;
Thig ròs nam bad is boidhche dreach,
     Na neoil na maidne samhruidh,
Gu ruiteach, dearg-gheal, ccarslach, dealbh-
     Air roinn meanbh nan fann-shlat.   [ach,

An gleann fo bharrach, rèisgeach, cannach,
     Feurach, raineach, luachrach,
Gu min-bhog, mealach, brìgh'or, bainnear,
     Cìb, a's cneamh m' an cuairt ann ;
Bidh lom a bhlàir is reachd'air fàs,
     A' dol fo stràchd neo-thruailli,
'S an saoghal a 'gàirdeachas le faillt,
     A thaobh gu'n d' fhag am fuachd sinn.

Gur ceann-ghorm loinneil dos gach doire,
  Bhios sa choilli chròchdaich,
Gu sleabhach ard fo iòmlan blath,
  O bhun gu bharr 'an comhdach;
An snothach sùgh'or thig o'n dùsluing
  Ann sna fiùrain nós'ar,
A' bràclida meas roimh shlios nan geug,
  A's tlus nan speur gan coghnadh.

Gach maoth phreas ur gu duilleach cùmhrai,
  Peurach, ùbhlach, sògh'ar,
Trom thorrach, luisreagach, a' lùbadh,
  Measach druchdach lodail;
Le cud-throm ghagan dlu dhonn-dhearg,
  A bhios air slait nan crochd-mheur,
'S co milis blas ri mil o'n sgeap,
  Aig seillein breac a chrònain.

Bidh coisridh mhuirneach nan gob lùthor,
  Ann sgach ùr-dhos uaigneach,
Air gheugaibh dlu nan duilleach ur-ghorm,
  Chùireadh sunnt fo'n duanaig;
Thig smeorach chuirteil, druid a's bru-dhearg,
  Uiseag chiuin a's cuachag,
Le h-òran cianail, fann-bhog tiamhaidh,
  'N glacaig dhiomhair uaine.

M' an innsin sios gach ni bu mhiann leom,
  Ann am briathraibh seolta,
Cha chuirinn crioch le dealbh am bliadhn'
  Air ceathramh trian do'n b' eol domh,
M' a ghloir nan speur, 's an t-saoghail gu leir,
  A lion le h-eibhneas mor mi,
'N uair rinn mi èighridh maduinn cheitein,
  'S dealt air feur nan lòintean.

AM FOGH 'AR. le E. M^cL.

Air fonn, " Nuair thig an Samhra geugach oirnn."

GRAD èir'idh fonn a's fior-ghleus oirbh,
   Na biodh 'ur 'n inntinn smuaireanach;
Tha sgeul is ait leom innse dhuibh,
   Cho binn o chian cha chuala sibh ;
Tha 'm pòr bu taitneach cinntinn duinn,
   Fo'n reachd is briogh'air buaghalachd ;
'S gun d' theid an saoghal a riaruchadh,
   O dhicheall gniomh nan tuathanach.

Tha 'm fogh'ar a' nochda cairdeis duinn,
   'Se bhuilich am pailteas gnàthaicht oirn
A mhaitheas gu fialuidh pairtichear,
   Gun ghaiune, gun fhàillne truacantachd ;
Gheibh duin 'agus brùid a shàthachadh
   'O 'sheileir na dùsluing nàdurra ;
Gun' sgaoilear na bùird gu fàilteachail
   Ga 'r cuireadh gu lan ar tuarasdail.

Theid sgraing an acrais bhiasgaich dh' inn,
   'S a ghorta chrion gu'm fuadaichear,
Bu ghuineach, sgaiteach, bior'guineach,
   Géur-ghoint' a ruinn'-ghob nuarranta ;
'S e 'dheòghladh sùgh nan caolan uat,
   'Chur neul an Aoig mu d' ghruaim-mha-
Gun d' theid an tarmusg dìoghaltach [laidh ;
   'A ghreasad nunn th' ar chuantan uainn.

Bidh còirce strath nan dù-ghleannaibh,
   Fo'n dreach is cùirteil prìseileachd,

Trom thorach, diasach; cuinnleanach,
   Ard, luirgneach, suighte sonruichte;
'S am pannal ceolmhor, muirneachail,
   Gu sunntach, surdail ordamail,
Cho ghleusta shaoithreach, luath-lamhach,
   'S am barr ga bhuain 'na dhorlaichibh.

Gach te gu dìleas deannadach,
   Le corran cam-ghorm, geur-fhiaclach,
Ri farpuis stritheil dhiorrasaich,
   Cuir fuinn a sios fo dhuanagan;
Bidh oigri luth'ar mheanmneach,
   A' ceangal bhann ma sguabannan,
Le 'n diolt am briodal mànranach,
   A bheire gàir air gruagaichean.

'S an iuchar chiatach, ghaoth'or, théid
   Feur-saoidh na faich' a sgaoileadh leinn
A' ceann nan riaghan caola 'bhios
   Air lom nan raointean uain-neulach;
Na ràchdain làidir liath-ghiubhais
   A tionndadh rolag sniomhanach,
Gu 'n tiormachadh 's na grian-ghathaibh,
   Cho chaoin 's is miann le tuathanach.

'N uair dh'fhosglas Phœbus seomraichean,
   Na h-aird-an-iar thoirt ordugh dhuinn;
'An dubhar an fheasgair toisichear,
   Ri cruinneacha feor 'an cruachannan;
Bidh mulain is gairbhe dòmhladas,
   Gu tomaltach, cuirrichdeach, mor-chean-
      nach;
Grad fhighear na siomain chorr umpa,
   Gu sgiobailte, doigheil, suaicheauta.

Bidh iomairean cian fo stràchduibh ann,
  Le doireachan gorm buntàt orra,
Gu gibneach, dosach, cráchd-mheurach,
  Bog-mhògach, lairceach, uain-neulach ;
Barr-guc is dearg-gheal fàs orra,
  'Sa dhreach 'mar ròs nan gàrrainnean ;
Bidh paidirein phlumbas àillidh ann,
  Air mheangain 'nam barr nan cluaranaibh.

'Nuair thig an aimseir ghnathaicht oirn,
  'Sa bhuainear as a làraich e,
Grad-nochdar fras bhuntàta dhuinn,
  Ga chrathadh o'n bharr 'na dhorlaichean,
Ceud mìle dreach a's dealbh orra,
  Gu faobach, geamhlach, garbh-phlucach,
Cruaidh mheallach, uibeach, ghailbheach iad,
  A' tuiteam mar gharbbhluich dhoirneagan.

'Siad ciochach, dearg-dhubh, breac-shuil-
  Gu tana min-gheal, leacanach ;   [each,
Gu plubach, cruinn-gheal cnapanach,
  'Siad fad-chumpach na uaireannan ;
B'e 'n toradh bia'chor, feartach e,
  Nach mall a liona chaiteagan,
'Nuair ghrèidhear ann sa phraisich e,
  'Sè bhlas is taitneach buaigheannan.

'S glan fàile nan cnò gaganach,
  Air ard-shlios nan crochd bad-dhuilleach ;
'Strom fàs or am por bagailteach,
  Air bhàrr nam fad-gheug sòlasach ;
Theid brigh nam fiuran slat-mheurach,
  'An cridhe nan ùr-chnap blasadach ;
Gur brisg-gheal sùgh a chagannaich,
  Do neach a chagnas dorlach dhiu.

'S clann-bheag aghnà le'm pòchdaùnan,
    A' streup ri h.ard nan dos-chrannaibh,
A bhuain nan cluaran mog-mheurach,
    Gu luth'or, docair, luath-lamhach ;
'Nùair dh'aoisgear as na mogluibh iad,
    'S a bhristear plaoisg nan cochall diu,
Gur caoin am maoth-bhlas fortanach,
    Bhios air an fhrois neo-bhruaidleinich

'Sè mios nam buaidhean taitneach è,
    Bheir pòr an t-sluaigh gu h-apachadh ;
O'm fògrar gruaim an acrais dinn,
    O's maireann pailteis pòrsain duinn ;
Miòs bog nan ùbhlan breac-mheallach,
    Gu peurach, plumbach, sgeachagach,
A' lùisreadh sios le dearcagaibh,
    Cir-mhealach, beachach, groiseideach.

Mios molach, robach, bracuirneach
    'Sè catoil ròiceil, tachdarach,
Gu h-iolannach, cuirrichdeach, adagach,
    Trom-dhiasach, bhreac-gheal, sguaba-
Mios miagh nam fuarag stapagach, [nach :
    Buntàtach, feolar, sgadanach,
Gu h-ìmeach, càiseach, ceapaireach,
    Le bheirteas pailt gu truacantachd.

Gu saoithreach, stritheil, lamhachair,
    An òigri dhileas, thàbhachdach,
Ri taobh nan lìnngean sàile 'm biodh,
    An sgadan a snamh 's a bhoinneireachd .
Snàth-moineis garbh an snàthadan,
    A' fuaigheal lìon ri 'm bràigheachan,
Gu sreangach, bollach, àrcanach,
    Bheir bas do'n nàisein chleoc-lannach.

'Nuair dh'aomas oidhche chiar-ghlas oirn,
   'S a dhubhas an iarmailt cheo-neulach,
Gur h-ullamh, ealamh, iasgaidh, dol
   Air ghleùs an iarmaid shonruichte ;
Grad bhrùcaidh iad 'nan ciaduibh, as
   Gach taobh 'n uair dhiolar òrdugh dhoibh,
Air bhàrcaibh eutrom luath-ramhach,
   A' sguabadh a chuain ghorm-ghreannaich.

Gur dàicheil, surdail, cruadalach,
   Fir ùr nan cruaidh lamh conspoideach,
A' stri co fuiribi 's luaithe bhios
   Air thùs an t-sluaigh 's a chonnsucha ;
A cholluinn nan tonn buaireasach,
   Le neart nan cuaille beo ghiubhais ;
Mar dhrùid nan speur cho luath dhuit iad,
   Thair stuagh is uaimhreach crònanaich.

Air tàrla dhuibh san ionad, 's am
   Bi'n t-iasg ri mire ghorraich, theid
Na lìn a chur ga h-iongantach
   Air uchd a ghrinnail bhòchd-thonnaich ;
'Nuair thogar ann sa mhaduinn iad
   Gu trom-lan, breac le lodalachd,
Gur sunntach, siubhlach dhathigh iad,
   Le'n tachdar beairteach, sòlasach.

Gu h-aigeantach, eutrom, inntinneach,
   Fir aighearach, ghleust, air linngeannan,
Le saighdean geur nan tri-mheuraibh,
   Air ghallanaibh direach cruaidh shleagh-
A' sireadh an èisg le duibh-liasaibh,   [ach ;
   Theid seachad na leum air fior-uisge ;
Na mordhachan reubach, diobhalach,
   Gan tarruing gu tir air bhruachannaibh.

'San oidhche chiùraidh fhiathail, gum
  Bi sùrd air leois gam pleòiteachadh,
Gum pacar ann sna h-urraisgean iad
  Speailt thioram ùr gu h-ordamail:
Bidh dearg a's cruaidh gan giulan ann,
  Chuir smuid a suas gu beo-losgadh,
A ruidh nam bradan fad-bhronnach,
  Feadh bhuinne cas nam mor-shruithean.

'Sam bradan eutrom, aineasach,
  Brisg, grad-chlis, meamnach, luasganach,
'Na eidigh liath-ghlais, dhearg-bhallaich,
  Dluth lannach, mean-bhreac, cluaineis-
    each;
Gur gob-cham, sliosmhor, tarr-gheal è,
  Le stiuir bu shiabach earr-ghobhlach,
Ri lu-chleas bras air ghearr-sgiathaibh,
  'An toirmrich gharbh nan cuairteagan.

Gun d'fhuair sibh dàn a nise uam,
  Mar thug mi fios a' tòiseacha,
Mu bhuaidh nam miosaibh biotailteach,
  Tha trom le gibhtean sòlasach,
Gu bheil da rann th'ar fhichead ann
  'S o's mist è tuille ròpaircachd,
Gun cuir mi crioch gu tiomail air,
  M' am fàg mi sgìth le bòilich sibh.

===

AN GEAMHRADH. le E. McL.

Air fonn, 'Si so 'n aimsir a dhearbhar, &c.

Tha Phœbus sna speuraibh
  Ag éiridh na thriall,

D

Roi reùltaichéan *Geur-shaighead* *,
    Bheumnaich nan sian ;
Ur-éifeachd a cheùd ghath
    Gu ceiteineach grinn,
A ni feum do gach creutair
    O éireadh d'an dion.

Tha na tlà ghathan blàth ud
    A b' fhàbharrach dhuinn
Gar fàga il aig nàmhuid
    Na dh' fhàsas a h-ùir ;
O na thriall e roi chriochaibh
    Na Riaghailt † a nunn
Gu *sign Adharc Gaibhre*
    Bu duibh-reotach iùil.

Tha aoidbealachd nàduir
    A b' fhàiltiche tuar,
Fad an t-saoghail air caochladh
    'Sa h-aogasg fu ghruaim :
Tha giùig air na dùilean
    Le funntainn an fhuachd,
Fo dhù-liunn trom-thùrsach-
    Ri ciucharan truagh.

Tha 'm Fogh'ar reachd'or fialuidh
    Bu bhiadh abuich fàs,
Le cruachannaibh cnuachd-mheallach,
    Sguab-thorach làn,
Air treigsinn a shnuaidh,
    O'n a dh'fhuaraich gach càil,

* Sagittarius and Capricorn, two constellations on the Zodiac or Ecliptic.
† Riaghailt, the Equinoctial line.

Roi'n mhìos chruaidh-ghuineach, ghruam-
  'S neo-thruacanta bàigh.   [ach

Le stròiceadh na dòilichinn
  Thoirleum gu làr,
Gorm chomhdach nam mòr-chrann
  Bu chròchd-cheannach barr,
Ni fuigh-bheatha sùghor
  Nan ùr-fhaillein àrd,
Roi fhéithibh nan geugan
  Grad thearnadh gum freumh.

Na h-eòineinean boidheach
  Is òrdamail ponng,
Le'n dlùth-fheadain shunntach
  O'n siubhlaiche fonn;
Gum fògrar o'n cheol iad
  Gu clo-chodal trom;
'S ni iad comhnuidh 's gach còs
  Ann am frògaibh nan toll.

Thig leir-sgrios air treudaibh
  Nam feur-lui bhean gorm;
Di-mhilltear gach dìthean,
  Bu mhin-ghibeach dealbh:
Fior aognaichidh aogasg
  Nan aonach 'snan learg,
Le spìonadh nan siannaibh
  Dian-ghuineach, garg,

An ciar sheillein srian-bhuidhe
  'S cianaile strann,
Bha dichiollach gniomhach,
  Feadh chìoch nan lus fann,

Guu còmhnuich e'n stòr-thigh
  Nan seomraichean cam ;
'S gu leoir aige bheo-shlaint
  Air lòn-mhil nach gann.

Theid a mhéanbh-chuileag shamhruidh
  Le teanntachd gu bàs,
Ge b' éibhneach a leumnaich
  'An ceud-mhìos a mhàigh :
Gach lùb-shruth bu bhùrn-ghlan
  A shiùbhladh roi'n bhlàr,
Fo chruaidh-ghlais de'n fhuar-dheidh
  Is nuarranta càil.

Bi'dh sàr-obair nàduir
  Le fàillinn fo bhròn,
Feadh chàthar, a's àrd-bheann,
  A's fhàsach nan lon :
Cha dearbhar cluith mheammach
  Nan garbh-bhradan mòr,
'S ni iad tamh-chodal sàmhach
  Fo sgàil bhladaibh gorm.

Theid Æolus, righ fiadhaich
  Nan sianntuinnean doirbh,
Gu fuar-thalla gruaim-ghreannach,
  Tuath-fhrasan searbh ;
Grad-fhuasglar leis cruàidh ghlas
  Nan uaimh-bhéisdean garg,
Clach luath-mheallain, 's cuairt-ghaoth
  Bu bhuaireantà colg.

Thig teann-chogadh Geamhruidh
  Le h-aimhleas a nìos,

Ann an dorchadus stoirmibh
  Air charbad nan nial ;
A duibh-fhroiseadh shaighdean
  Troi'n àidhbheis gu dian,
Geur, ruinn-bhiorach, puiseannta,
  Chlaoidheas gach ni.

Bi'dh armachd nan uabhas
  Mu'n cuairt da gach laimh,
Ri beuchdaich a reubas
  Na speuran gu h-àrd
Ion-stròicear a chrochd-choille
  Mhòr as a freumh,
Le spùtadh garbh-sgiùrsaidh
  Na dùdlachd gun-tlàths.

Gum bòchd a mhuir cheann-ghlas
  Is gaill-bheinneach greann ;
Gur gorm-robach, diorbh-chorrach
  Borbadh nan tonn ;
Gu h-àrdanch, càirgheal,
  A' bàrcadh nan deann ;
Agus gàirich a bhàis bi'dh
  Air bhàirlinn gach glinn !

Gum brùchd an fhras chiùrraidh
  D'ar n-ioinnsuidh a nuàs,
A's bàthar gach àilein
  Fo làn nan sruth luath,
A thaosgas san taomruich
  Nam maom-thuiltibh ruadh ;
'Smarcachd-sìne na dìleann
  G'ar mlobhadh le fuachd.

Thig clocha-mheallain garbha
   Le stairearaich mu'r ceann,
Gar spuachdadh mar chruaidh-fhrois,
   De luaidhe nan Gall;
Gaoth bhuaireis ga sguabadh
   O chruachaibh nam beann;
Luchd coiseachd gan léireadh
   Le h-éireadh-nach gann.

Thig ceo tiugh nan neoil oirn
   O mhòr mheall nan cruach,
Le smùidrich an dù-reothaidh
   Dhiughaltaich, f-huair;
Ga leir dhuinn lag-éiridh
   Na gréine ri h-uair,
Grad-fhalchaidh i carbad
   Geal dealrach sa chuan.

Le dall-chur na failbhe
   Gum folchar gach meall;
Sneachd cléiteagach gle-thiugh
   Nan speur os ar ceann;
Gu h-àrd domhainn barr-gheal
   Air fàsaich nan gleann;
Bi'dh nàdur fo'n stràchd ud
   Gu fàillinneach, fann.

Thig iom-chathadh feanntaidh
   Fo shrannaich nan stoirm,
A ghluaiseas an luath-shneachd
   Na fhuar-chithibh doirbh;
Bi'dh an smùid ud ad' sgiùrsadh
   Le dù-chuthach searbh;
'Sa léireadh nan slèisnean
   Mar gheur-shalann garg.

3

Bi'dh gach sùil agus aodunn
 Ag aognachadh fiamh;
Agus ceòraich an reòt
 Air na feòsagaibh liath:
Bi'dh spùtadh na funntainn
 Is drùightiche sian,
A' tolladh roi d' ghrùdhan
 Gu ciùrr-bheumnach, dian.

Mìos reub-bhiorach, éireanda,
 Chreuchdas gach dùil;
Mìos buaireasach, buailteach,
 'S neo-thruacant', a ghnùis;
Míos nuarranta, buagharra,
 'S tuath-ghaothach spùt,
Bhios gu h-earr-ghlaiseach, feargach,
 Le stairearaich nach ciùin.

Mios burrùghlasach, falmarra,
 Gharbh-fhrasa fuar;
Tha gliob-shleamhuin, dìleanta,
 Grìm-reotach, cruaidh,
Ged robh luirgnean gan ròsladh
 Ri deagh theine guail,
Bi'dh na sàiltean gan cràdhladh
 Gu bàs leis an fhuachd.

Mios colgarra, borb-chur,
 Nan stoirmibh nan deann,
Gu funntainneach, puinnseunta,
 'S diùghaltach srann:
A' beuchdaich 's na speuraibh
 Le leir-sgrios gu call:
Bior-dheilgneach, le gairisinn,
 Bu mheill-chritheach greann.

Cha'n àireamh na thainig
    De bhàrdaibh san fheoil,
Gach ànnradh thug teanntachd
    A gheamhruidh g'ar còir :
Ach, mum fairghear mo sheanchas
    Gun dealbh air ach sgleo,
Gur tìom dhomh bhi crìochnachadh
    Briathran mo sgeoil.

AN T-EARRACH. LE E. M^cL.

Air fonn, " Thainig oirn do dh' Albuinn crois," &c.

THAINIG Earrach oirn m' an cuairt,
Theid am fuachd fo fhuadach cian,
Theid air imrich th' ar a chuan
Geamhradh buaireasach nan sian :
Ràithe sneachdach, reotach, cruaidh,
A dh' atas colg nan luath-ghaoth dian
Sligneach, deilgneach, feanntai, fuar,
A lom, 'sa dh' aognuich snuadh gach ni.

Nis o'n thill a ghrian a nall
Tréigidh sìd a's annradh garg ;
Islichear strannraich nan speur,
S ceanglar srian am beul gach stoirm ;
Sguiridh na builg shéididh chruaidh
San ài'bheis aird, a b' uaibhrich fearg :
Eubhar sìothchaimh ris gach dùil,
'S tiunndaidh iad gu mùghadh foirm.

Iompaichear an uair gu blàths,
Le frasaibh o'n aird-an-iar,
Leaghaidh sneachd na 'shruthaibh luath
O ghuaillibh nan gruaim bheann ciar.
Fosglaidh tobraichean a ghruinnd,
A bhrùchdas nan spùtaibh dian;
'S deith gu sgealbach, ceilleachdach, dlùth,
Le gleadhraich ghairbh ga sgùradh sios.

Sgapaidh dall-cheo tiugh nan nial
As a céile 'n-iar 's an ear,
Na mheallaibh giobach, ceigeach, liath,
Drùim-robach, ogluidh, ciar-dhubh, glas,
A' snàmh san fhailbhe mhoir gun cheann,
A nunn 'sa nall, mar luing fo beairt;
'S iathaidh iad nan rùsgaibh bàn
Mu spiodaibh pìceach àrd nam bachd.

Nochdai Phœbus duinn a gnùis,
A' dealradh o thùr nan speur,
Le soillse caoimhneil, baoisgeil blàth,
Gu tlusmhor, bàigheil ris gach creubh:
Na sgrios a ghailleann chiurraidh fhuar,
Mosglaidh iad a nuas o'n eug;
Ath-nuadhaichear a bhliadhn' as ùr,
Gach dùil gu mùirneach; surd air feum.

Sgeudaichear na lòin 'sna blàir,
Fo chomhduch àluinn lusaibh meanbh;
Sgaoilidh iad a mach ri gréin,
An duilleach fein fo mhìle dealbh:
Gu giobach, caisreagach, fo'm blàth,
Le'n dathaibh àillidh, fann-gheal, dearg;
Bileach, mealach, maoth-bhog, ùr,
Luirgneach, sùghmhor, driùchdach, gorm.

Gur h-ionmhuinn an sealladh fonnmhor
A chìtear air lom gach leachduinn;
'S cùbhrai leam na fion na Frainge
Fàile thom, a's bheann, a's ghlachdag;
Mìlseineach, biolaireach, sòbhrach,
Eagach cuach nan neoinein maiseach,
Siomragach, failleineach, brigh'or,
Luachrach, dìtheanach, gun ghaiseadh.

Thig mùilleinean de shluagh an fheoir
Beo fo thlus na 'm fann-ghath tlà,
Le 'n sgiathaibh sìoda, ball-bhreac òir,
'S iad daithte 'm boi'chead mìos a Mhaigh:
An tuairneagaibh geal nam flùr,
Dùisgidh iad le h-iochd a bhlàis,
'S measgnaichidh an righle dlù
'Sa chèitein, chiùin, nach lot an càil!

Dìridh snothach suas o'n fhriamhaich
Roi cham-chuislibh shnìomhain bhad-
     chrann;
Gu maoth-bhlasda, mealach, cùbhraidh,
Sior-chuir sùigh 'sna fiùran shlatach;
Bi'dh an còmhdach gorm a' brùchdadh
Roi shlios ùr nan dlù-phreas dosrach,
Duilleach, labach, uasal, sgiamhach,
Dreach nam meur is rìomhach coltas.

Bi'dh eoin bheaga bhinn a chàthair,
A' cruinneachadh shràbh gu neadan;
Togaidh iad 'sna geugaibh uaigneach
Aitribh chuairteagach ri taice;
Luidhidh gu clùth'or nan tamh
A blàiteachadh nan cruinn ubh breachda,

Gus am bris an t-slige làn,
'S an d-thig an t-àlach òg a mach dhoibh.

Thig eibhneas na bliadhn an tùs,
Mu'n crìochnaich an t-ùr-mhìos Màirt;
Bheir an spréidh an toradh trom
Le fosgladh am bronn gu làr:
Brùchdaidh minn, a's laoigh, a's uain,
Nam mìltibh m'an cuairt do'n bhlàr;
'S breachd-gheal dreach nan raon 's nan
    stùchd,
Fo chòisridh mheanbh nan lùth-chleas bàth !

Bidh gabhair nan adhaircean cràchdach,
Stangach, cam, an aird nan sgealb-chreag;
Rob-bhrat iom-dhathach m'an cuairt doibh,
Caitein ciar-dhubh, gruamach, gorm-ghlas;
'Sna minneinean laghach, greannar,
Le meigeadaich fhann g'an leanmhuinn:
'S mireanach a chleasachd ghuanach
Bhios air pòr beag luath nan gearr-mheinn.

Caoirich cheig-rùsgach fo chòmhdach;
Sgaoilt air reithlein lòintean driuchdach;
'S uaineinean cho geal ri cainchein
Air chluaintibh nan learg ri sùgradh.
An crodh mòr gu liontai, làirceach,
Ag ionaltradh fhàsach ùr-ghorm;
An dream lìth-dhonn, chais'ionn, bhàn-
    bhreachd,
Ghuailleann, chrà-dhearg, mhàgach, dhùmh-
    ail.

'S inntinneach an ceol ri m' chluais
Fann-gheum laogh m'an cuairt do'n chrò,

Ri coi'-ruidh timchioll nan raon,
Grad-bhrisg, seang-mhear, eatrom, beo;
Stairirich aig an luirgne luath,
Sios m'an bhruaich gu guanach òg ;
'S teach 'sa mach a buailidh lain,
'S bras an leum ri bàirich bho !

'N aimsir ghnàthaichte na bliadhna,
Sgapar siol gu biadh san fhearann,
Ga thilge na fhrasaibh diona;
'S na h-iomairibh fiara, cama :
Sgalag, a's eich laidir ghniomhach
Ri straibhlich nan cliath gan tarruing ;
S tiodhlaicear fo'n dùsluing mhín
An gràinnein lìontai 's brìgh'or toradh.

Sgoiltear am Buntàta cnuachdach
Na sgràilleagaibh cluasach, bachlach ;
Theid an inneir phronn na lòdaibh
Sochdach, trom, air chòmhnard achaidh ;
Le treun ghearrain chùbach, chàrnach,
Chliabhach, spidreach, bhràideach, shrath-
        rach :
Sùrd air teachd-an-tir nan Gaidheal,
Dh' fheuch an tàrar e fo'n talamh.

'N uair a thogas Phœbus àigh
Mach gu h-àird nan nial a ceann,
O sheomar dealrach a chuain
Ag òradh air chruach nam beann ;
Brùchdaidh as gach cearnn an tuath,
'Stigh cha'n fhuirich luath no mall,
Inntrigidh air gniomh nam buadh,
" Buntàta 's inneir ! suas an crann !"

Theid an inneal-draibh an òrdugh,
Sean eich laidir mhor a' tarruing
Nau ionnstramaid ghleadhrach, ròpach,
Beairt san lionmhor cord a's amull,
Ailbheagan nan cromag fiara,
Sochdach, colfrach, giadhach, langrach ;
Glige-ghlaige crainn a's iaruinn,
Sùrd air gniomh o'm biadhch'or toradh !

Hush ! an t-ùraiche 's am bàn-each,
Fear air crann, 's air crann, 'sa chorraig,
Buntàta, 's inneir theith na clìabhaibh
Ga taomadh san fhiar-chlais chorruich,
Aig bannal clis lùthmhor gleusda,
Cridheil eutrom, brisg gun smalan ;
'S gillean òg a' diol na h-àbhachd,
Briathrach, gàireach, càirdeil, fearail.

'N uair dh' fholachar san ùir am pòr,
Thig feartan gar coir o'n àird,
A sgirtean liath-ghlas nan nial,
Frasaidh e gu ciatach blàth,
Silteach, sàmhach, lionmhor, ciùin,
Trom na bhrùchdaibh, ciùbhrach, tlàth ;
'S miorbhuillea ̤ a bhraonach dhlùth,
Iarbhach maoth-mhin, driuchdach, seamh !

'S lionmhor suaicheantas an Earraich,
Nach còmas dòmh luaidh le fil'eachd ;
Ràidhe 's tric a chaochail earraidh,
'S ioma car o thùs gu dheireadh ;
Ràidhe'n d'thig am faoilteach feannaidh,
Fuar chloch-mheallain, stoirm nam peileir,
Feadag, sguabag, gruaim a Ghearrain,
Crainnti Chàilleach is beurra friodhan.

E

'N uair spùtas gaoth lom a Mhàirt oirn,
Ni 'n t-sìd ud an t-àl a chrannadh,
Mìos cabhagach, oibreach, saoithreach,
Nam feasgar slaod-chianail, reangach :
Ocras a' diogladh nam maodul,
Blianach, caol-ghlas, aognai, greannach ;
Deòghlar trian do t' fhior-liunn-tàth uait ;
'S mar ghad sniomhain tairngear fad thu.

Ràidhe san d'thig tùs annlainn,
Liteach, càbhrach, làdhan lapach,   [pach,
Druin-fhionn, cean-fhionn, bruchdach, rias-
Robach, dreamsglach, riadhach, rapach ;
Càl a's feoil, a's cruinn-bhuntàta,
'S aran corca laidir, reachdmhor :
Bog no cruaidh, ma chanar biadh ris,
Se nach diult an ciad ni 's faigse.

'N uair thig òg-mhìos chèitein ciùin oirn,
Bidh a bhliadhn an tùs a maise ;
'S flathail, caoimhneil, soillse grèine,
Mìos geal ceutach, speur-ghorm, feartach,
Flùrach, ciùrach, bliochdach, maoineach,
Uanach, caorach, laoghach, martach,
Grudhach, uachdrach' càiseach, sùghmhor,
Mealach, cùbhraidh, drùchdach, dosrach.

Nis theid Earrach uainn air chuairt,
'S thig an samhradh ruaig a nall ;
'S gorm-bhog duilleach gheug air choill ;
Eunlaith seinn air bharr nan crann ;
Driùchdan air feur gach glinn,
'S lan-thoil-inntinn sgiamh nam beann ;
Theid mi ceum roi 'n lòn a nunn,
'S tàirneam crioch air fonn mo rann.

ORAN *an t-Samhrui. Air fonn. Through the wood Laddie. le* A. MACDHOMHNUILL.

'An dèis dhomh dùsga 's a mhaduinn,
 'S an dealt air a choill,
Ann am maduinn ro-sholleir,
 Ann an lagan beag doilleir,
Gun cualas am feadan,
 Gu leadurra seinn;
'S mac-talla nan creugan,
 D'a fhreagra bròn binn.

Bi'dh am beithe deagh-bholtrach,
 Urail doṣrach nan càrn,
Ri mao-bhlàs driuchd cèitein,
 Mar-ri caoin dhearsa gréine
Bruchdai barraich tre gheugaibh,
 'S a mhìos cheutach sa Mhàigh;
Am mìos breac-laoghach, buailteach,
 Bhainneach, bhuaghach, gu dàir.

Bithidh gach doire dlù uaigni,
 'S trusgan uain ump a' fàs;
Bithidh an snomhach a' dìreadh,
 As gach friomhaich is isle,
Tre na cuislinean sniomhain,
 Ga mheudacha blà;
Cuach is smeorach 's an fheasgat
 Seinn leadan 'n am bàrr.

A mìos breac-uigheach, braonach,
 Creumhach, mao-roṣach, àighe;
'Chuireas sgeudach neo-thruailli,
 Air gach àite d'a dhuaichnead;

E 2

A dh'fhògras sneachd le chuid fuachda,
   O'gheur-ghruaim nam beann àrd;
'S aig meud eagail roi *Phœbus,*
   A theid 'sna speuraibh 'na smàl.

A mìos lusanach, mealach,
   Feurach, failleanach blà;
'S è gu gucagach, duilleach,
   Luachrach, dìtheanach, lurach,
Beachach, seilleineach, dearcach,
   Cùbhrai, dealtach, tròm, tlà;
'S i mar chuirneinin daimein,
   A Bhratach bhaoisgeil air làr.

'S moch bhios Phœbus ag òradh,
   Ceap nam mor-chruach, 's nam beann;
'S bithidh san uair sin le sòlas,
   Gach eun binn-fhòclach, boidheach,
Ceuma mear-bhuillean ceòlar,
   Feadh phreas, ògan, a's chrann;
A choruil chuirteach gun sgreadan,
   Aig pòr is beadurraich greann.

'S an àm tighinn do'n fheasgar,
   Co'-fhreagra'n aon àm,
Ni iad co-sheirm, shèimh, fhallain,
   Gu bileach, binn-ghobach, alloil,
A' seinn gu lù-chleasach, daingean,
   A' measg ùr-mheangean nan càrn,
'S iad fein a beiceil gu foirmeil,
   Le toirm nan organ gun mheang.

Bi'dh gach creutair ga laigid,
   Dol le suigeart do'n chòill;
Bi'dh an dreathain gu balcant,
   Foirmeil, talcorra bagont,

Sìor chuir fàilt air a mhaduinn,
  Le rifeid mhaisich, bhuig, bhinn,
Agus ròbin da bhèusadh,
  Air a ghèig os a chinn,

Gur glan gaill-fheadain richeard,
  A' sèinn nan cuislinnin grinn,
Am bàrr nam bilichean blàthor,
  'S an dosna lom-dharag àrda,
Bhiodh 's na glacagaibh fàsaich,
  Is cùbhrai fàile nam flòn,
Le d' phuirt thriobhlta shiùlbhlach,
  A' phronnar lùthor le dlòn.

Sud na puirt is glan gearradh,
  'S is ro-ealanta ròihn,
Chuireadh m' inntinn gu beadra,
  Clia-la t-fheadain m'an eadra,
'N am do'n chrodh bhi gan leigeadh,
  An innis bheitir sa choill;
'S tu d' leig air baideal ri cion'ar,
  'An grianan aon-chosach croinn.

Bi'dh bradan seang 'ar an fhìor-uisg,
  Gu brisg slinn-leumnach luath,
Nam buidhnibh tàr-ghealach lannach,
  Gu h-iteach dearg-bhallach carrach,
Le shoillsin airgid d'a earradh,
  'S mion-bhreac lannaireach tuar,
'S è fein gu crom-ghobach ullamh,
  Ceapa chuileag le cluain.

A bhealtuin bhog, bhailceach, ghrianach,
  Lònach, lianach m'a ghràn,

Bhainneach, fhion-mheagach, uachdrach,
  Othanach, loinideach, chuachach,
Ghruthach, shlamanach, mhiostach,
  Mhiodrach, mhiosganach, làn,
Uanach, mheannach, mhaoineach,
  Bhocach, mhaòisleach, làn àil.

O! 's fior eibhinn r'a chluinntinn,
  Fann-gheum laoigh ann sa chrò ;
Gu h-ùrail, mion-bhallach, àluinn,
  Druim-fhionn, gearr-fhionnach, fàili,
Ceann-fhionn, colg-rosgach, cluas-dearg,
  Tarr-gheal, guaineiseach, òg,
Gu mogach, bog-ladhrach, fàs'or,
  'S è leum ri bàirich nam bò !

A shobhrach gheal-bhui nam bruachag,
  Gur fann-gheal snuagh'or do ghnùis !
Chinneas badanach, cluasach,
  Mao'-mhìn, bagonta, luaineach,
Gur tu ròs is fearr cruadal,
  A ni gluasad a h-ùir ;
Bi'dh tu t-eididh as t-earrach,
  'S càch ri folach an sùl.

'S cùbhrai fàile do mhuineil
  A chrios-cho'-chu'-luinn nan carn!
Na d' chruinn bhabuidean rìobhach,
  Lòineach, fhad-luirgneach, sgiamhach,
Na d' thuim ghiobagach, dhreach-mhìn,
  Bhàr-bhui, chas-ùrlach, àrd ;
Timchioll thulmanan dìomhair,
  M' am bi 'm biadh-ionan a' fàs.

'S gum bi froiniscan boisgeil,
 A thilgeas foineal n' as leoir,
Air gach lù-ghort do neonain,
 'S do bharraibh shaimirean lothar;
Mar sin is leasaichean solleir,
 De dh' fheada-coille nan còs,
Timchioll bhoganan loinneil,
 Is tric an Eilid d'an còir.

Nis trèigi 'n coileach a ghucag,
 'S caitein brucach nan craobh;
'S theid gu mullach nan sliabh-chnochd,
 Le chirc-ghearr-ghobaich riabhaich;
'S bith'd a' suireadh gu cùirteil,
 'Am pillibh cùl-ghorma fraoich,
'S ise freagra le tùchan,
 (Pihuhù tha thu faoin.)

A choilich chraobhaich nan gear-sgiath,
 'S nam falluinne dui,
Tha dubh is geal air a mheasga,
 Gu ro-oirdheirc a d' itich;
Muineal lainnearach, sgipi,
 Uaine slios-mhin, 's tric cròm;
Gob nam pòncanan milis,
 Nach faict à' sile nan rònn.

Sud an turaraich ghlan, loinneil,
 Is àirde coilleag air tòm,
'S iad ri bururus seamh ceutach,
 Ann am feasgar bog ceutain,
Am bannal geal-sgiortach, uchd-ruadh,
 Mala ruiteach, chaol, chrom;
'S iad gu uchd-àrdach, earr-gheal,
 Ghriann dhearr-sgni, dhruim-dhonn

ONAN AN t-SAMHRUIDH

le D. Mac-an-t-saoir.

NUAIR thig an Samhra' geugach oirn,
    Theid sian nan speur o'n ghruamaiche,
Thig tlus is blàs is aoibhneas. Theid
    Gach mi g'a reir am buadhalachd,
Thig feart le neart na greine oirn,
    Ni'n saoghal gu leir a chuartachadh ;
Thig teas o slios 'nuair dh'éir'eas i
    Ni feum 's cha treigear uainne e.

Bi'dh pòr ann an tìr ghràiseirean,
    Chur sil ann san tim ghnàthaicht ;
A'toirt bridh as an ùir nàdurra ;
    O'n bhlàr g'a bhárr a ghluaiseas e.
Gu reachdmhor, breac, neo fhailleanach,
    Trom, chuinlionach garbh ghráineanach,
Gu diasach, riathach, càilleanach,
    Gu biadhchar, làn 'nuair bhuainear e.

'Sglan fàileadh nan geug liòmhora,
    Mu ghárradh nan sèud lion'ara,
Am biodh àileagain gle riamhacha
    Le blàs a' sior-chuir snuadh orra.
Gu h-ùbhlach, peurach, fiogusach,
    Glan, brioghmhor, diomhair, guaimeiseach
Gach sràid is 'àillidh grìneachan,
    Mar phèalas Righ r'an cuartachadh.

'Sro-ghreannar gach gleann fior-mhonaidh,
    Cur riomhaigh ghrinn an uachdar air ;

Gach lus le bhàr cho-'mhior'ailteach,
  A' fàs fuidh mhile suaicheantas ;
Gu duilleach, lurach, dìtheanach,
  Glan, riomhach, lionmhor, cuaicheanach,
Gu ropach, dosach, mìsleanach,
  Gu millteachail, mìn-uainealach.

Bidh fonn air gach neach nàdurra,
  Bhi sealltuin gach ni gnàthaichte ;
Am blàr lom a' cur dreach fàsaich air,
  Gach là 'cur stràchd neo-thruaillidh air,
Gu molach torach, càtuineach,
  Gu craobhach, cràsgach, cruasachdach,
Gu h-ùrar, dù-ghorm, àileanta,
  Le frasa blàtha bruaidleanach.

Bi'dh gach fri gu liontach, feurach ; 's theid
  Na fèidh 'nan èididh shuaicheanta,
Gu h-uallach, binneach, ceumannach,
  Gràd-lèumanach, bior-chluaiseanach,
Gu cròcach, caprach, céir-ghealach,
  Gu mangach, eangach, eildeagach,
'Gan grianadh sa mhios chéiteanach,
  Air slios an t-slèibh man cuartaich iad.

Bi'dh laogh ri taobh gach aighe dhiubh,
  'Nan luidhe mar is còir dhoibh ; bi'dh
Gach damh is manng cho aithearach,
  'Nuair thig Fill-leathan-ròid orra,
Bu tuille lòin is saoghail,
  Do gach neach a ghabhadh gaol orra,
Bhi tric ag amharc caol orra,
  Is ag éisdeachd gaoir an crònanaich.

Bi'dh maoisleach a chinn ghuanaich,
    A cur dreach is snuadh is tuar orra,
'Si tilgeadh 'cuilg a' gheamhraidh,
    A chuir gurt a's greann a's fuachd orra.
O'n thainig blàthas an t-Samhraidh oirn,
    Cuiridh ise mànntal ruadh orra,
'Stha inntin ghrinn g'a reir aice,
    Gu fallain, feitheach, fuasgailteach.

Bi'dh am minnein ùrar meanbh-bhallach,
    Gros tioram air a ghnùis bu sgeinmeile;
Gu mireineach, lùthar, anmadail,
    Re slinnein na h-earb' an guailleachan
Bu chlis feadh pris mu anmoch iad,
    Gu tric fo iochd nam mean'-chuileag,
Gu sgrideil, gibeach, gearr-mhasach,
   An sliochd gan ainm na ruaghagan.

Bi'dh gach creutair faillinneach,
    A bha greis ann càs na fuaralachd,
A togail ann cinn gu h àbhachdach,
    O'n a thainig blàths le buaidh orra,
Na h-eoin sa phonnc am b'abhaist doibh.
    Gu ceolmhar, fonnar, failteachail ;
Feadh phreas a's thom ri gàirdeachas,
    Gun chàs a dh'fhàgadh truaillidh iad.

'Sneo thruaillidh am por lionmhor ud,
    'Sgur spéiseil grinn a ghluaiseas iad,
Le'm beus a 'seinn mar fhileirean,
    Gur h-aoibhinn binn re m' chluasaibh iad,
'S glan luinneagach, fior inntineach,
    A' chànmhain chinn thig uatha san:
'S iad gobach, sgiathach, cireineach,
    Gu h-iteach, dionach, cluaineiseach,

Bi'dh an coileach le thorman tùchanach,
  Air chnocana gorm a dùrdanaich,
Puirt fhileanta, cheolmhor, shiubhlacha,
  Le ribheid a' dlú-chur seoil orra,
Gob crom nam ponnca lùthora,
  'Sa chneas le dreach air a dhùblacha'
Gu slios-dubh, girt-gheal, úr bhallach,
  'Sdá chirc a sùgradh boidheach ris.

Thig a chuag sa' mhios chéitein oirn,
  'Sbi'dh 'n uiseag, na séuchdan comhladh
'San dreathan a gleusadh sheannsoirean, [ris
  Air a ghéig a's àird'a mhòthuicheas e.
Bi'dh choill gu leir 'sna gleanntaichibh,
  Air chrathadh le h-aoibhneas canntair-
Aig fuaim a chuanail cheannsalaich [eachd,
  Feadh phreas, a's chrann, a's òganan.

Na doireachan coill, bu diomhaire,
  'Sna croinn mun iadh na smeoraichean,
Theid gach craobh an ciatoichead,
  Bi'dh coachladh fiamh a's neoil orra;
Gu meanganach, direach, sniomhanach,
  Theid cridhe nam friamh ann sóghair-
Le trusgan úr g'a mhiadachadh, [eachd
  Bar-guc air mhiaraibh nòsara.

Bi'dh am beatha gu cuisleach, fiùranach,
  Gu failleanach, slatach, úr-fhasach;
Thig snothach, fuidh 'n chairt a's drùiseal-
    achd,
  Bi'dh duilleach is rùsg mar chomdach air;c
Le bruthainn theid brigh na'dúslaing ann,
  Am barrach dlúth nan òganan,
Gu pluireineach, caoin, mao'-bhlasda,
  Mo roghainn de shnaoisean sròine e.

'Sa bhiolaire luidneach, shliom-chluasach,
　Ghlas, chruinn-cheannach, chaoin, ghorm-
　　neulach,
Is i fas glan, uchd-ard, gilmeineach,
　Fuidh barr-geal, iomlan, sonraicht;
Air ghlaic, bu taitneach cearmanta,
　Le seamragaibh 's le neoineanaibh,
'Sgach lus a dh' fhaodainn ainmeachadh,
　Cuir anbharra dreach boidhchead air.

Gur badanach, caoineil, mileanta,
　Cruinn, mopach, mín-chruthach, mongoin-
　　each,
Fraoch groganach, dúbh-dhonn grís dearg
　Barr cluigeanach, sinteach, gorm-bhil-
Gu dosach, gasach, uain-neulach, 　　[each;
　Gu cluthor, cluaineach, tolmagach;
'Sa mhil na fúdar gruaige dha,
　'Ga chumail suas an spòrsalachd.

'Si gruag an deataich riomhaich i,
　'Smór a brigh 's is lionmhor buaidh orra;
Ceir-bheach nan sgeap a ciontinn orr;
　Seillein breac feadh tuim 'ga chnuasachd
　　sud,
Gu cianail, tiomhadh, srann aige,
　Air bharr nam meas a' dranndanach,
Bhiodh miann bhan og a's bhan-tighearnan
　'Na fhárdaich ghreannar, ghuamaisich.

Is é gu striteach, riathach, ciar-cheannach,
　Breac, buidh, stiallach, srian-bhallach,

Gobach, dubhanach, riasgach, iargalta,
  Ri gniomh gu dian mar thuathanch ;
Gu sùrdail, grunndail, dianadach,
  Neo-dhiomhanach'na uaireinean,
'Se 'faile lusan fiadhaiche
  Bhios aige bhiadh' sa thuarasdal.

Gach táin is àirde chruinnicheas,
  Do'n áirigh uile ghluaiseas iad ;
Thig blioc is dàir gun uireasbhuidh,
  Craobh árd air cuman gruagaiche ;
Na h-aighean is óige làidire,
  Nach d' fhiosraich tra' nam buaraichean,
Bi'dh luinneag aig righbhin chùl duinn,
  .doibh
  'Gam briodal ciuin le duanagaibh.

?S fior ionmhuin mu thra' nòine,
  Na laoigh oga chòir na buaile sin,
Gu tarra-gheal, ball-hhreac, bòtainneach,
  Sgiathach, druim-fhionn, sròin-fhionn,
  guaillinneach
Is iad gu lìth-dhonn, ciar-dhubh, cáraideach,
  Buidh, grìs-fhionn, crà-dhearg, suaich-
  ionta,
Seang, sliosara direach, sàr-chumpach,
  Mìn, sliogta, barr an suanaiche.

Bi'dh foirm is colg air creutairean,
  Gu stoirmeil, gleust 'g ath-nuadhachadh ;
Le forgan torchuirt feudalach,
  An treud 'san spreidh, 'sam buachaille ;
An gleann, barrach, bileach, réidhleanach,
  Creamh, raineach, reisg is luachaireach,

F

'Se caoin, cannach, min-chruthach ceutach,
  Fireach, sleibhteach, feurach, fuaranach.

Bi'dh mionntain, camomhil 's sòghraichean,
  Geur-bhileach, lònach, luasganach,
Cathair thalamhonta's carbhin chròc-chean-
    nach,
  Gharg, amlach, romach, chluas-bhiorach,
Suthan làir, a's fàile ghròiseidean
  Lan liligh's rósa cuaicheanach,
Is clann-bheug a trusa' leòlaichean,
  Buain chòrr ann còs nam bruachagan.

Bi'dh'm blár fo strachd le úraireachd,
  Oidhch' iuchair bhrùinneach, cheo-banach
Gach sràbh sa barr air lúbadh orra,
  Le cud-throm an drùchd's le lòdalachd,
'Na phaideirean lionmhor, curnaineach
  Gu brioghmhor, súghmhor, sòlasach ;
Cuiridh ghrian gu dian 'na smúidibh è
  Le fiamh agnùis san òg-mhaduinn.

'Nuair a dhearsas a gnuis bhaoisgeil,
  Gu fial, flathail, fiamh, geal, caoineil oirn,
Thig maitheas a's gniomh le saibhireachd,
  Chuir loinn air an Roinn-eorpa so ;
Le aoibhneas gréine soillseachadh,
  Air an speur gu reith a spaoileas i,
Chuir an céill gach feum a rinn i dhuinn,
  G'a fhoillseachdh 's ga mhòideachadh.

ORAN *a Gheamhruidh*; *Air fonn, Tweed-side.*
Le ALASTOIR MACDHOMHNUILL.

THARRUING grian, righ nam planad 's nan
Gu sign chancer diciadoin gu beachd, [reull,
A riaghlas cothrom m'an criochnaich e thriall
Da-mhios-deug na bliadhna ma seach:
Ach gur h-e 'n dara di-sathairn na dhéigh,
A ghrian-stad-shamhruidh, aon-deug, an là,'s
'S an sin tiunndaidh e chùrsa gu sèimh, [faid;
Gu seas-ghrian a gheamhruidh gun stad.

'S o dh'imich e nis uainn m'an cuairt,
Gum bi fuachd oirn m' am pill e air ais;
Bi'dh gach là dol an giorrad gu feum,
'S gach oidhche ga réir dol am fad:
Sruthaidh luibhean, a's coill, agus feur,
'Na fais-bheotha crion-éugaidh iad as;
Teichidh 'n snothach gu freumhach nan
crann,
Sùighidh 'n glaodhan an sùgh-bheatha steach.

Seachdaidh geugan glan cùbhràidh nan crann,
Bha 's an t-samhradh trom-stràchdta lé meas;
Gun tòrr-leum an toradh gu lar,
'S gun sgriosar am bar bharr gach lios:
Guilidh feadain, a's creachain nam beann,
Sruthain chrìostail nan gleann le trom
sprochd,
Caoi nam fuaran ri meacuinn gun cluinn,
Deoch shunnta nam maoisleach 's nam boc.

Luidhidh bron air an talamh gu leir,
Gun aognuich na sleibhtean 's na cnoichd;
F 2

Grad dhubhaidh caoin-uachdar nam blar,
Fàl-rùisgte, 's iad fàillinneach bochd.
Na h-eoin bhuchallach, bhreac'-iteach,
  ghrinn,
Sheinneadh basganta, binn am barr dhos;
'Gun d-theid a ghlas-ghuib air am beul,
Gun bhodha, gun teud, 's iad nan tosd.

Sguiridh bùirdisich sgiathach nan speur,
D'an ceileiribh grianach car greis;
Cha scinn iad sa mhaduinn gu h-àrd,
No feasgairean-cràbhach sa phreas:
Codal clùthor gun dean anns gach còs,
Gabháil fasgaidh am frògaibh nan creag;
'Siad ag ionntrainn nan gathannan blàth
Bhiodh ri dealradh o sgàile do theas.

Cuircar daltachan srian-bhuidh nan ròs
Bharr mìn chioch nan òr-dhìthean beag;
'S ionann gucagach lili nan lòn,
Nam flùran, 's gheal neoinein nan eug;
Cha deòghlar le beachaibh nam bruach,
Cròdhaidh fuarrachd car cuairt iad nan sgeap;
'S cha mhò chruinnicheas seillein a mhàl,
'S thar gheal-ùr-ròschrann gàraidh cha streap.

Tearnaidh bradan, a's sgadan, 's gach iasg,
O t-iarguinn gu fior-ghrunnd nan loch;
'S gum fan anns an aigean dubh-dhonn,
Ann an doimhneachd nam fonn a's nan
  slochd,
Na bric tharra-ghealach, ear-ghoblach shli-
Leumadh mearrdha ri usgraichibh chop, [om,
Nan cairtealaibh geamhruidh gun tamh,
Meirbh, samhach, o thamh thu fo'n ghlob.

Chas a's ghreannaich gach tulaich, 's gach
    tom,
'S dòite lom chinn gach fireach, 's gach glac ;
Gun d'òdh'raich na sitheanan feoir,
Bu luiseineach, feoirneanach, brat :
Thiormaich monai'nean, 's ruadhaich gach
    fonn ;
Bheuchd an fhairge 's ro thonn-ghreannach
    gart ;
'S gun sgreitich an dùdlachd gach long,
'S theid an càbhlach nan long-phort a steach.

Neulaich pàircean a's miodair gu bàs,
Thuit gach fàsach, 's gach àite fo bhruid ;
Chiaraich monadh nan iosal 's nan àrd,
Theirig dathanan gràs'or gach luig :
Dh' fhalbh am fàile bha taitneach, 's am fonn,
Dh' fhalbh am maise bhàr lombair gach
    buig ;
Chaidh an eunlaidh gu caoithearan truagh,
Uiseag, smeorach, a's cuach, agus druid.

A fhraoich bhadanaich, ghaganaich, ùir,
D' am b' ola 's d' am b' fhùdar a mhil ;
B' i bhlàth-ghrian do thàbhachd 's gach uair,
Gu giullachd do ghruaige le sgil :
'S a mhaduinn iuchair 'n uair bhaoisgeadh
    a gnùis
Air bhuidhinnin driùchdach nan dril,
B' fhior chùbhraidh, 's gum b' éibhinn an
    smùid,
So dh' éireadh bhàr chùirnein gach bil.

Gun do theirig sùgh talmhuinn nam bruach,
3

Dh' fhalbh' an cnuasachd le'n trom-lùbadh
    slait ;
Thuit an t-ubhall, an t-siris, 'sa pheur,
Chuireadh bodha air a ghéig anns a bhad.
Dh' fhalbh am bainne o'n eallach air chùl,
Ma 'm bi leanaba ri ciùcharan bochd,
'S gum pill a ghrian gu sign Thaurus nam
    buadh,
'S treun a bhuadhaicheas fuachd agus gort.

Theid a ghrian air a turus m'an cuairt,
    Do thròpic Chapricorn ghruamaich gun
    stad,
O'n tig geal-shìon chruinn mheallanach luath,
Bheir air mullach nan cuairteagan sad ;
Thig tein'-athair, thig toirinn na dhéigh,
Thig gaillean, thig éireadh nach lag,
'S cinnidh uisge na ghlaineachaibh cruaidh,
'S na ghlas-leugaibh, mìn, fuar-licneach rag.

Am mios nuarranda, garbh-fhrasach, dorch,
Slincachdach,   cholgorra,   stoirm-shionach
    bith,
Dh' isleach, dhall-churach, chathach, fhliuch,
    chruaidh,
Bhiorach, bhuagharra, 's luath-ghaothach
    cith,
Dheitheach, liath-reotach, ghlib-shleamhuin
    ghairbh,
Chuireas sgiopairean fairge nan ruith,
Fhliuichnich, fhùntuinneach, ghuineach gun
    tlàs,
Cuiridh t-anail gach càileachd air chrith.

Am mios cratanach, casadach, lom,
A bhios trom air an t-sonn-brochan dubh;

Churraiceach, chasagach, lachdunn a's dhonn,
Brisneach, stocainneach, chom-chochlach,
thiugh;
Bhrògach, mhiotagach, pheiteagach bhàn,
Imeach, aranach, chàiseach gun ghruth;
Le'm miann bruthaiste, mart-fheoil, a's càl,
'S ma bhios blàth na dean tàir air gnè stuth.

Am mios bratagach, toiteineach sògh,
Ghionach, stròghail, fhior gheocail gu muic,
Liteach, làganach, chabaisteach chorr,
Phoiteach, ròmasach, ròiceil gu sult.
'S an taobh a muigh ged a thugh sinn ar còm,
Air an àile gheur-tholltach gun tlùs;
'S faodar dram òl mar lìnnige cléibh,
A ghrad fhadas tein'-éibhinn san uchd.

Bi'dh greann dubh air cuid mhor de'n Roinn-
eorp
O làgaich sgiamh òrdha do theas;
Do sholus bu shòlas ro mhòr,
Ar fradharc 's ar lochrann geal deas;
Ach an uair a thig e gu geimnidh a rìs,
'S a lannair 's gach rioghachd gun cuir,
'S buidhe soillsein nan coireiu 's nan meall,
'S riochdail fiamh nan òr-mheall air a mhuir.

Theid gach salmadoir ball-mhaiseach ùr
An crannaig chùbhrai chraobh-dhlù-dhuillich
chais,
Le'n ceol fein a' seinn _hymns_ 's a' toirt cliu,
Chionn a phlanaids' a chùrsadh air ais.
Gum bi còisir air leth anns gach géig,
An dasgaibh éibhinn air réidh-shlios nan slat;

A' toirt lag iobairt le'n ceileir d'an triath,
Air chaol chorraibh an sgiath anns gach
   glaichd.

Cha bhi creutair fo chupan nan speur
'N sin nach tiunntairi speurad, 's ri 'n dreach;
'S gun toir Phœbus le buadhaibh a bhlàis
Anam-fàs doibh a's càileachdain ceart;
'S ni iad ais-éirigh choitchionn o'n uaigh,
Far 'n.do mheataich am fuachd iad a' steach;
'S deir iad guileag *dora-h-idola-h-ann,*
Dh' fhalbh an geamhradh, 's tha'n *sàmbradh*
   air teachd.

———

ORAN, *Allt-an-t-siucair.* le A. MAC DHOMH-
NUILL. *Tune of,* " *The Lass of Patie's
Mill.*"

A' dol th'air Ault-an-t-siucair,
   Am maduinn chùbhrai Chéit;
Is paideirean geal dlu chneap,
   Do'n drùchd ghorm air an fheur;
Bha *Richard* 's *Robin*-bru-dhearg,
   Ri seinn, 's fear dhiu 'na bheus;
'S goic mhoit air cumhaig chùl-ghuirm,
   'S *gug-gùg* aic air a ghéig.

Bha smeorach 'cur na smuid dhi,
   Air bacan cùil lea fein;
Bha'n dreathum donn gu sùrdail,
   'S a rifeid chiuil 'na bheul;

Am bricein-beath a's lub air,
   'S è 'gleusadh lùth a theud ;
An coileach dubh ri dùrdan,
   'S a chearc ri tùchán rèidh.

Na bric ag gearra shùrdag,
   Ri plubraich dhlu le chèil ;
Taobh-leimnich mear ri luth-chleas,
   A' burn, le muirn ri grein ;
Ri ceapadh chuileag siubhlach,
   Le 'm briseadh luth'or fein ;
Druim-lann-ghorm, 's ball-bhreac-giùrau ;
   'S an lannair chùil mar lèig.

Mil-dheòcla sheillein strianach,
   Le crònan 's fiata srann ;
Nan dithibh baglach, riathach,
   Ma d' bhlathaibh grianach chrann ;
Sraibh-dhriucain dhonna, thiachdai,
   Fo shinean ciochan t-fheoir,
Gun teachd-an-tir no bhiadh ac,
   Ach fàile ciatach ròs.

Gur milis, brisg gheal, burn-ghlan,
   Meall-chuirneanach 's binn fuaim,
Bras-shruthain Uilt-an-t-siucair,
   Ri torman siublach luath,
Gach biolair, 's luibh le'n ùr-ròs,
   A' cinntinn dlù ma bhruaich :
'S è toirt dhoibh buaghan sùgh'or,
   Ga'n sui bheathacha m'an cuairt.

Burn tana, glan, gun ruaghan,
   Gun deathach, ruaim, no ceo ;

Bheir anam fàs, a's gluasaid,
   D'a chluaineagan ma bhòrd ;
Gaoir bheachan bui 's ruagha,
   Ri diogla chluaran òir,
'S cìr-mheala ga chuir suas leo,
   'An cèir-chuachagaibh 'na stòr.

Gur sòlas an ceol cluaise,
   Ard bhàirich bhuar m'an chrò ;
Laoigh cheann-fhionn, bhreac, a's ruagha,
   Ri freagra nuallan bhò ;
A bhanarach le buaraich,
   'S am buachaille d'an còir,
Gu bleothann a chruidh ghuaillinn,
   Air cuaich a thogas cròic.

Bi'dh lòchrain mheal a' lùbadh
   Nan sràbh, 's bru air gach géig,
Do mheasaibh milis cù'rai,
   Nan ùbhlan a's nam peur :
Na duilleagan a' liùgadh,
   A's fallas cùil diu fein ;
Is clann a' gabhail tùchai,
   Gan imlich dlù le'm beul.

B'è crònan t-easan srùlaich,
   An dùrdail mbùirneach mhàigh ;
'S da bhoirchibh daite, sgùm-gheal,
   Tiugh flùranach, dlù, tlà ;
Le d' mhantul do dhealt ùr-mhin,
   Mar dhùra cuil m' a d' bhlà :
'S air calg gach feòirnein dùir-fheoir,
   Gorm shniamhain dhriuchd a fàs.

Do bhrat làn shradag daoimein,
    Do bhraoin ni soills' air làr;
A *chairpet* 's gasta foineal.
    Gun a cho-*fine* ann an *White-hall;*
Ma d' bhearra gorm-bhreac coillteach,
    'An cinn an loinn le h-àl;
Na sòghraichean mar choillibh,
    'N an colleiribh a d' sgàth.

Bi'dh guileag eala tùchan,
    'S coin bhuchuinn am barr thonn;
Aig inbhear Uilt-an-t-siucair,
    Snàmh lu-chleasach le fonn;
Ri seinn gu moiteil, cuirteil,
    Le muineil-chiùil, 's iad crom,
Mar mhàla piob, a's lùb air;
    Ceol tiomhai, ciùin, nach trom.

'S grinn an obair ghràbhail,
    Rinn nàdur air do bhruaich,
Le d' lurachain chreabhach, fhàs'or,
    'S am buicein bàn orr shuas;
Gach saimeir, neonain, 's màsag,
    Min-bhreac air làr do chluain;
Mar reullan reot an dearsadh,
    Na spangain àluinn nuadh.

Bi'dh cruinn 's am barr mar sgarlaid,
    Do chaorran àluinn ann;
A's craobhan bachlach, àrbhui,
    A' faoisgneadh ard mu d' cheann;
Bithidh dearcan, suithean sùgh'or,
    Trom lùbadh an luis fein,
Caoin seachdai, blasta, cùbhrai,
    A' call an drùis ri gréin.

'S co-làn mo lìos ri Pharrais,
  Do gach cnuas as fearr an coill
'Na reileach arbhar fàsaidh,
  Bheir piseach ard a's sgoinn ;
Pòr reachd'or minear, fàs'or,
  Nach cinn gu fàs na loim ;
'S co'-reamhar, luchd'or càileachd,
  'S gun sgàin a ghràn o dhruim.

Do thachdar mar' a's tìre,
  Bu teachd-an-tir leis fein ;
Nan treudan, fèigh ad fhrìgheabh,
  'S ad' chladach mìltean èisg ;
A d' thràigh tha maorach lionar ;
  'S air t-uisge 's fior bhras leus,
Aig òganachaibh rìomhach,
  Le mordha fior chruaidh geur.

Gur h-ùrar, sliochdar, cuanda,
  Greidh each air t fhuarain ghorm,
Le'n iota tarruing suas ruit,
  Le cluintinn nuall do thoirm ;
Bi'dh buicein binneach, 's ruadhag,
  'S minn mheanbh-bhreac, cluas-dhearg, òg,
Ri h-ionaltra gu h-uaigneach,
  'S ri ruideis luath mu d' lòn.

Gur damhach, aghach, laoghach,
  Mangach, maoisleach, t-fhonn ;
Do ghlinn le seilg air laomadh,
  Do garbhlach chraobh, 's do lòm :
Gur h-àluinn, barr-fhionn, braonach,
  Do chanach caoin-gheal thom,
Na mhaibeinibh caoin, mao-mhin :
  A d' mhointich, sgaoth chearc donn.

B' è sud an sealladh èibhinn,
    Do bhruachaibh gle-dhearg ròs ;
'S iad daite le gath greine,
    Mar bhoisgnich leug-bhui òir :
B'iad sid an geiltre gle-ghrinn,
    Cinn dèideagan measg feoir ;
Do bharraibh luibhean ceutach;
    'S foirm bhinn aig teud gach eoin.

O lili, righ nam flùran !
    Thug barr mais air ùr-ròs gheug ;
Na bhabagan cruinn, plur-mhin,
    'S a chrùn geal, ùr, mar ghrèin ;
Do'n uisg ud Ault-an-t-siucair,
    'S e cubhrai dha o bhèud ;
Na rionnagan ma lùbaibh,
    Mar reullan iuil nan speur.

Do shealbhag ghlan 's do luachair,
    A' borcadh suas ma d' chòir ;
Do dhìthein lurach, luaineach,
    Mar thuairneagan do'n òr ;
Do phris làn neada cuachach,
    Cruinn cuairteagach aig t-eoin ;
Barr braonain, 's an t-sail-chuchaig,
    Nan dos 'an uachdar t-fheoir.

B' e sid an leigheas leirsinn
    Do loingeas breid-gheal, luath,
Nan sguadronaibh seol-bhrèid-chrom,
    A' bordadh geur ri d' chluais ;
Nan giusaichibh beo ghleusta,
    'S an cainb gu leir riu suas ;
'S Caol-muile fuar d'a reuba,
    Le anail speur o thuath.

G

'S cruaidh a bhàrluinn fhuair mi,
  O'n fhuaran 's blasda gloir,
An caochan 's mugha buaighean
  Ata fo thuath 's an Eorp ;
Lion ach am bòla suas deth,
  'S do bhrandai fhuar n' as coir ;
'Am puinse milis guanach,
  A thairneas sluagh gu ceol.

Muim altrom gach poir uasail,
  Nach meith le fuachd nan spéur ;
Tha sgiath fo'n airde tuath oirr,
  Dh' fhag math a buar, 's a feur ;
Fonn deisearach, fior uaibhreach,
  Na speuclair buan do'n ghrein ;
Le spreidh theid duine suas ann,
  Co-luath ri each 'na leum.

'S aol a's grunnd do dhailibh,
  Dh' fhàg nàdur tarbhach iad ;
Air a meinn gun toir iad arbhar,
  'S tiugh starbhanach ni fàs ;
Bidh dearrsanaich shearr-fhiaclach,
  D'a lannadh sios am boinn ;
Le luinneaga binn nionag,
  An ceol is millse roinn !

An Coir' is fearr san dùthaich,
  An Coir' is sùgh'or fonn ;
'S e Còirein Uilt-an-t-siucair,
  An Coirein rùnach lom ;
Ga lom, gur molach, ùrail,
  Bog mhiador dlu a thom,
'M bheil mil a's bainn' a bruchdadh,
  'S uisg ruith air siucar pronn.

An Coire searrachach uanach,
  Meannach, uaigneach, àigh ;
An Coire gleannach, uaine,
  Bhliochdach, luath gu dàir ;
An Coire coillteach, luachrach,
  An goir a chuach 's a mhàrt ;
An Coir' am faigh duin-uasal,
  Biast-dhubh, as ruàgh 'na charn.

An Coire brocach, taobh-ghorm,
  Torcach, faoili, blà ;
An Coire lònach, naosgach,
  Cearcach, craobhach, gràidh ;
Gu bainneach, bailceach, braonach,
  Breacach, laoghach blàr ;
An sult'or mart a's caora,
  'S is torrach laoimsgir bàrr.

An Coir' am bi na caoralch nan caogadaibh
  Le'n reamhad gabhail faoisgni, [le'n àl,
A'n craicnibh maoth-ghèal, tla ;
  B' iad sid am biadh san t-aodach,
'Na t-fhaoin-ghleannaibh, 's a d' àird ;
  An Coire luideach gaolach,
'Se lan do mhaonaibh gràis.

An Coire lachach, dràcach,
  'Mbi guilbnich, 's tràigh-ghèoidh òg,
An Coire coileachach, làn damhach,
  Is moch 's is anmoch spòrs ;
'Stiom dhomh sgur d'a àireamh,
  An Coire is fàs'oir pòr ;
Gu h-innseach, doireach, blàrach,
  Is ìmeach, càiseach bo !
                    G 2

MOLADH *an Leomhainn,* air fonn *Cabar Fèigh,*

le ALASTOIR MAC DHOMHNUILL.

FAILT an leoghainn chrèuchdaich,
Is eugsamhuil spracalachd,
'Nuair dheire do chinn-fheadhna,
Bu mheaghrach am brataichean,
'Nuair chruinniche gach dream dhiu,
Gu ceannsgalach tatarach,
Bhiodh pronnadh agus calldach,
Air naimhdean a thachradh ribh ;
Iad gu h-oirdhèirc air bharr corr-ghleus,
Teinnteach foir-dhearg, lasrachail,
'S ard an stoirm air mhire-chonbhaidh,
'S lainn nan dorn ri spèaltoireachd,
Le'n geur cholg ri strachda bholg,
A' gearra cheann is chorpunnan ;
'S cha sluagh gun chruaigh gun cheannsgal,
Le'n lann bheireadh fosadh orr.

Dùisg a leomhainn euchdaich,
'S dean èirigh gu farumach,
Air brat ball-dearg, breid-gheal,
'S fraoch sleibh mar bharran air ;
Tog suas do cheann gu h-eatrom,
'S na speuraibh gu caithreasach,
'S theid mi fhin cho-geire,
'Sa dh'fhaodas mi d' arabhaig ;
Togam suas do mhola priseil,
'S do cheann rioghail farusta,
Cha'n 'eil ceann na corp san riochachd,
An cruai-ghniomh thug barrachd ort,

An ceann cruadalach ard sgiamhach
 Maiseach fior-dheas arranta,
'S tric thug sgairt ri h-uchd an fhuathas,
 Ri h-àm luchd t-fhuatha tarruing ruit.

Cò b'urrainn tàir no dì-bleachd,
 Gu dìleinn a bhaialucha,
No shamhluiche ruit mi chliu,
 A righ nan ceann barrasach ;
A chreutair ghasta, rìomhaich,
 'S garg fior-dheas do tharruingse,
Air brat glan do'n t-sìoda,
 Ri mìn-chrann caol gallanach ;
E ri plapraich ri crann-brataich,
 A' stailce chas gu h-eangarra ;
Is cò'-lain ghasta lan do ghaisge,
 Teanailt bras gu leanailt ris,
Fearg gu casgairt 'nan gnùis dhaite,
 Fraoch is fras gu fearachas ;
Bhi'dh sgrios is lannadh sios,
 Air luchd mi-ruin a bheàna ruit.

Cha robh garta gleois,
 Air an t-seorta o'n ghineadh thu,
An dream rathail mhor-chuiseach,
 Chò'-ragach, iomairteach ;
Bu ghunnach, dagach, òr-sgiathach,
 Gòirseadach, nimheil iàd ;
Bu domhain farsuing creuchdach,
 Cneidh èuchdach am firionnach ;
Iad gu surdoil losga fùdair,
 Toirt as smuid o lasruichean ;
Na fir ùra gheala lùthar,
 A ghearra smuis a's aisnichean ;

G 3

Lannan dù-ghorm geura cùl-tiugh,
   'N glaic nam fiuran aigeantach,
A' sgolta chorp a sios gun rumpaill,
   Sùrd le sunnt air stracaireachd.

'S foinni, fearail, laidir,
   Cuanda, dàicheil, cinneadail,
Sliochd nan Collaidh lamh-dhearg,
   'S iad lan do dh' ard spiorad annt,
Cho dian ri lasair chrà-dheirg,
   'S gaoth mhàirt a' cuir spionnaidh innt,
Gun mheang gun mheirg gun fhàillin,
   'Nar càileachd ge d' shirear sibh ;
Na fir chogach theid 's na trodaibh,
   Nach biodh ro lotaibh gioragach ;
Nach iarr prosna ri h-àm cosgraidh,
   A phronna chorp is mhionaichean,
A' sgatha cheann is lamh a's chos diubh,
   Ann san toit le mire-chath,
Na fir bhéurra threin-fhearrdha,
   Gheur armach fhineadail.

An cinne maiseach treubhach,
   Nan rè-chuilbheir acfuinneach,
Nach diulta dol air ghleus,
   Ri h-àm feuma gu grad-mharbhadh,
Madaidh is ùird ghleusta,
   Gu beuma nan sradagan,
A' conas dearg ri chèile,
   A' cuir èibhlean gu lasraichean,
Frasan dealanach dearg pheileir,
   Teachd o'r teine tartarach,
A pada 's a pronnadh 's a leadairt,
   Nan corp ceigeach casagach,

Lannan dù-ghorm dol gan dùlan,
  A' gearra smùis is aisnichean,
Aig na treunaibh crùai-bheumnach,
  'S luath bhuala speachannan.

Clann Domhnuill tha mi 'g ràite,
  'N sár chinneadh urramach,
'S tric a fhuair 's na blàraibh,
  Air namhuid buaidh iumanach ;
Iad fearra tapui dàna,
  Co-làn do nimh-ghuineadaich,
Ri nathraichean an t-sleibhe,
  Le'n geur-lannaibh fulangach ;
Iad'gu sitheach gleusta cos-luath,
  Rùnach, bos-luath, fulasgach,
Cruas na craige, luathas na draige,
  Chluinnte fead am buillinnean ;
Na fir dhàna, lùthar, nàrach,
  Fhoinneadh, làidir, urranda,
Cho-garg ri tuil-mhaoim sleibhe,
  No falaisg gheur nam munainean.

A charraig dhaingean dhìleant,
  Nach dìobair gun acarachd,
Gluais suas gu spòrsail rioghail,
  Ro d' mhìlinibh gaisgeanta,
'S iad mire geal na cruadhach,
  Gun truaille, gun ghaise iad,
'S bòcain a chuir ruaig iad,
  Bheir buaidh le 'n sluagh bras-bhuilleach ;
'S ioma fleasgach cùl-bhui dòid-gheal,
  Is garbh dorn is slinneinean.
A dh' èireas leat an tùs na co'-stri,
  A ni còmhrag min-bhuailteach,
Iad gu bonn-mhall, bas-luath, cròdha,
  Saitheach, stròiceach, iomairteach,

A' dol a sios an àm na teugbhail,
   'S lèomhunn béuc air mhireadh ac.

A leomhuinn bheucaich, ghruamaich,
   'Bheil cruadal air tuineacha, .
Is tric a dhearbh an cruài-chùis,
   'Sna buan ruagaibh cumasgach.
'Nuair a spailpte suas thu,
   Le d' bhuaidh ri crann fullangach ;
Chìte conadh ruaimleach,
   'An gruaidhibh na h-uile fir ;
S daingean, seasmhach, rang do fhleasgaich,
   'Nuair bhiodh deise tarraing orr,
Cha toir eagall nàmhuid eag ionnt,
   'S iad mar chreag nach caraicheadh ;
'S glan am preas iad chaoi cha teich iad,
   'S fiodh nach peasg, de'n darach iad, .
'S tric a fhuair sibh air ur nàmhuid,
   'S na blàruibh buaidh-chaithreamach.

Nan tigeadh ortsa foirneart,
   Ge d' leon o chrich aineolaich,
Coigrich le rùn do'-bheirt,
   Gu d' chòir thoirt a dh' aindeoin diot,
S iomad làu cheann-ìleach,
   'S lainn liobha 'm beairt dhaingean ann,
A thairpeadh suas ri d' shìoda,
   Dheth t-fhior-fhuil d' ad anagladh,
Fuiribin chomasach nach cromadh,
   Roi fhrois tholla phearsunnan,
Nach biodh somult dhol air cholluin,
   'Nam bhi sonnadh chlaigeannan ;
Crùn-luath lomarra 'ga phronnadh,
   Air piob loinneich thartaraich,
A chuireadh anam ann sna mairbh,
   A dhol gu fearr-ghleus gaisge leo.

Stoc Chlann Domhnuill dh' éirgheadh,
  Le'n géugaibh 's le meanganaibh;
B'i sid a choille chéntach,
  A b' eúgsamhuil 's bu cheannardaich,
'Nuair thàirneadh iad ri chéile
  Gach treubh dhiu gu fearachail,
'S mairg a spiola feusag
  Nan leomhann, ga ghreannacha;
Bhìodh cinn is duirn ga sgatha dhiubh-san,
  Ann an dùiseal lannaireachd,
Fuil ri feur-imeachd 's ri strùladh,
  Feadh nan lùb 's nan camhanan,
Bhìodh lannan lotach du-ghorm,
  Cuir smùidrich do cheannaibh ghall,
Is caoithrean cruaidh is rànaich,
  'S an árfhaich gu gearanch,

C' ait a bheil san-rìoghachd,
  'Am fear-ghniomh thug barrachd oirbh,
Na phrosnaiche chum stri sibh,
  A mhìlinean barraideach;
Na tuirin sgairteil priseil,
  Do'n fhìor-chruaidh nach fannaicheadh,
D'am b' àbhaist a bhi dìleas,
  'S nach dìobradh na ghealladh iad,
Gadhair chatha theid mar shaighid,
  Sios le'n claidheamh dealanaich,
Nach toir atha gun dad athais,
  Gus an sgath iad bealach rómp;
Cuirp gan sgatha 's cruaidh ga crathadh,
  'S orra patha falanach,
Chluintear fead ar claidhean,
  Truagh ghàir agus langanaich.

Tha iomad mìle an Alba,
  Do gharbh-fhearaibh fulusgach,

Sliochd Ghàidhèal ghlais a Scòta
   Thig deonach m' ar cularaibh ;
Gun tig iad le rùn cruadail,
   'S gum fuaigh iad gu bunailteach,
Ri teanchair ghairg an leomhainn,
   'S ri spògaibh dearg fuileachdach ;
Togaibh leibh gun aire guñ easbhui,
   Trom fheachd seasmhach cunnbhalach,
Do laochraibh dheise, shunntach, threiseil,
   Theid neo-leisg 's an iomairt sgleo ;
Cha'n fhacas riamh na suinn 'nan geiltibh
   Dol 'an teas nan cumasgan,
Teichidh iad o'r stròicibh,
   'S o'r sròlaibh breac duilleagach.

ORAN *do Eachunn ruadh nan Cath, a mhar-*
  bha la Iner-cheitein ; Air fonn, Là Roinn-
  Ruairi.

Gur h-oil leam an sgeul sin,
   A dhèist mi di-dòmhnuich,
Gun bhi tuille d'a sheanchas,
   Ach an fhòill so rinn Hòbrun ;
Dh' fhag iad deagh Mhac-Ghillean,
   A' cur a chatha 'na aonar,
'S theich iad fèin tre a cheile,
   Gun fhear èilidh an òrdugh.

Bu mhor bha dh' uireasbhui lamh ort,
  Ge d'thug àrdan ort fuireach,
Ach tuill' as an t-an-bharr.
  Theachd a nàll air an luingis,
  'S mis a chuireadh an geall,
  Mar biodh ann ach na h-urrad,
Nach buaileadh iad baingean,
  Ann sa Champa le sulas.

Chuir thu ghràbhailte chruadhach,
  Air gruag nan ciabh amlach,
Lann than' air do chruachain,
  'S i 'na cruaidh chum a barra-dheis,
Sgiath dhaingean nan cruaidh-shnuim,
  Agus duail nam breac meinmneach,
Agus paithir mhath phiostal,
  Air chriqs nam ball airgid.

Cha bu shlachdan aig òinid,
  Culai cho'-raig a ghaisgich,
Dol 'an coinneamh do naimhdean,
  Cha chrith-mhantain so ghlac thu,
  'N uair a bhuail thu bèum sgèithe,
  Dh' iarr thu cèud an com-bat riut,
'S nuair a thug thu nan còmhail,
  Theich Hòbrun 's a mharc-shluagh.

'S ann a thug thu do dhualchas,
  O'n fhear a bhuaileadh 'an Gruinneart,
Cha d' rug iomairt gun fhuathas,
  'S cha robh buannachd gun chunnart,
Gun robh toirinn an làmhaich,
  Agus tairneanach ghunna,
Ri deas-laimh mo ghrài-se,
  'Cuir a chàirdean gum fulang.

'N uair thogta leat lèibhi,
    'S 'a dh' eighte fear air a mharg leat,
Mhoire 's ioma bean baile,
    Dh' fhàg sud tamull 'na banntraich;
Agus leanamh beag cìche,
    'Na dhìlleachdan anfhann,
Ach ga duilich do mhuintir,
    Chà 'n ann ump tha ar dearmad.

Gur h-iomad laoch dorn-gheal,
    Chaidh 'an òrdugh mu d' brataich,
Agus òganach sgiamhach,
    Bha ga riasladh fo eachaibh;
Agus spailp do fhear-tighe,
    Nach tugadh agha d'a phearsuin,
A bheireadh claidheamh a' duilli,
    Bhiodh co guineach ri h-ealtuinn.

'N uair a thogamaid feachdan,
    A righ bu ghast ar Ceann-armailt,
Ga b' e thigeadh air t-eachdrui,
    Ghabh iad tlachd dhiot air Galltachd;
Bu tu caraid a Mharcois,
    A bh' ann Sasunn gun chean air;
Agus co-ainm an Eachuin,
    Leis n do ghlacadh an Càbhlach.

'S fhad o dh' imich am fear 'ud,
    'S cha n ann ga ghearann atha sinn,
Ach mar dh' fhèga gun sealla,
    Suil mheallach an armunn;
Ach gu math an t-aon Dia dhuinn,
    Gur è iarguin a chràidh sinn,
Gun robh aoidh fir an domhain,
    Ann na cho-sheis a' fàs ruit.

Ga b' è thug dhuit cion-falaich,
　Na thog do ealantain litrich,
Ga bu nighean Mhic-Chailein,
　Bu diol mariste dh'is thu;
Gur mairg i thug gaol duit,
　Ma chaochlas i nis è,
'S nach faic i air thalamh,
　Do mhac-samhailt 'am misnich.

M'a dheireadh an t-sàmhraidh,
　Cha robh meinm no deagh sgeul oirn,
'S beag an t-ioghna do ranntachd,
　Bhi fo champar as t-èugais;
Agus muinntir do dhùcha,
　Bhi fo chùram mu d' dh' eibhinn;
Gun robh 'n t-aobhar ud aca,
　Ga ruig 'sa leas agus crèufag.

Tha iunntraichinn uainne,
　'S cha bu shuarrach an call e,
Gum bu mhor an luach taisgeil,
　Ma tha 'n taisgeala dearbha,
So bheireadh daoin uaisle,
　As an uachdran ainmeil,
'S as ar tighearna smachdail,
　'S cha bu lapach an ceannard.

C' àit an robh e air thalam
　Boinne fala a b' àilli,
Nan t-oighre so Dubhairt,
　Lochabui a's Arois;
Gur iomad bean uasal,
　A bha gruag air dhroch càramh;
Ga nach d' fhuair iad do sgeula,
　Ach gun do chrèucha sa bhlàr thu.
H

Tha do phàirc air a dùna,
    Ionad lù-ghart nan gaidhéal,
Gur deacair sid innse,
    Aig ro dhìllseid do phàirtidh;
Tha chraobh a b' fhearr ùbhlan,
    Air a rusgadh an drast diu ;
Ach a mhoire mo dhiubhail,
    Chaidh am flùr fair a ghàrradh.

Ach mas duin' a chaidh dhinn e,
    Guidhibh Criost leis na th' agaibh,
Thugaibh aire do'n ordugh,
    A fhuair Iob mu na macaibh ;
Thugaibh thairis è n aon fhear,
    Mas e chuibhreach an Caisteal,
Na bu ghiorrad a laìthean,
    'S ann fo ràith-sin a thachair.

———

CUMHA do MHAC-LEOID,

le Ruairi Mac-Mhuirich.

Tha muld, tha mulad,
    Lion mulad ro mhòr mi;
'S ge d' is èigin domh fhulang,
    Tha tuille 's na leoir orm ;
Thromaich sachd air mo ghiùlan,
    Le dùmhladas dòrainn,
Dh' amais dosgaich na bliadhn orm,
    Creach na Ciadain so leon mi

Creach na Ciadain so leon mi,
  Dh' fhàg mi breòite gùn fhiabhrus,
A dh'fhògair mo shlainte,
  'S tearc mo bhràthair 's na criochaibh ;
Agam glaodh an lòin bhrònaich,
  'N dèigh a h-eoin 's i 'ga iarguin,
Dh' fhalbh gach sòlas a b' àbhaist,
  'S dh' fhuirich càillein a m' fhiacaill.

Dh' fhuirich càillein a m' fhiacaill,
  So i bhliàdhn' a thug car dhomh,
Dh' fhag uthar fo m' lèine,
  Nach fothair leigh tha air thalamh,
Mo leigheas cha'n fhaodar,
  Cha rè dhomh bhi fallain,
Fhuair mi dìnneir la càisge,
  'S cha b' fheairde mo ghoin i.

Cha b' fheairrde mo ghoin i,
  Ge do bha mi mun chò'roinn,
'N diugh gur buan domh ri aithris,
  Gun do bhuail an t-earrach so bròg orm ;
Mi mùm Màighsteir gle mhath,
  'S fad a leus orm nach beo è,
Ge do racha mi seachad,
  Cha'n fhaigh mi facall dheth d' chòmhra.

Cha'n fhaigh mi facall dheth d' chòmhra,
  Chleachd mi mòran deth fhaotainn,
'N diugh dh' fhaodas mi ràithin,
  Gur uan gun mhàthair san treud mi,
'S ann is gna dhomh bhi tùrsach,
  Gun bhrath furtachd as t-eug'ais,
'S o'n a chaochail thu àbhaist,
  'S tearc a chaoi mo ghàir èibhinn.

'S tearc a chaoi mo ghàir èibhinn,
   Cha bheus domh bhi subhach,
Ghabh mi tlachd am bi tùrsach,
   Chuir mi ùigh am bi dubhach,
Man tì tha mi 'g iòmradh,
   Chuir an cuimhne mo phùthar,
Nis o'n fhuair an uaigh e-san,
   Chaidh an caisead mo bhruthadh.

Chaidh an caisead mo bhruthadh,
   'S mi fo chumha da dhìreadh,
Dol an truimead 's an àirde,
   An diùgh a thàinig mo dhìobhail,
Dh' fhalbh mo lathachan èibhinn,
   O'n a thrèig sibh * Clàr-sgìthe,
Tha mo thaic ann sna h-Earaibh
   'N dèigh fholach 'na aonar.

'N dèigh fholach 'na aonar,
   Bi'dh e daonnan 'an uaigneas,
Sgeul mun gearanach daoine,
   Mnài chaointeach nan luath-bhos,
'S iad a' co'stri r'a chèile,
   Ceol gun aoibhneas seachd truaighe,
Leum mo chridhe 'na spealtaibh,
   M' an chaismeachd 'n uair chualas.

Gur i chaismeachd-so chualas,
   A luathaich orm tioma.
Dh''fhàg fo m' osnaich fuil bhrùite,
   A' sìor-dhrùthadh air m' innigh,
'S fhaide seachduin na bliadhna,
   O'n a thriall sibh thair linnidh,

* A name for the Isle of Sky.

Le friamhach na fialachd,
  Bh'ann san lion-bhrat air fhilleadh,

'S ann san lion-bhrat air fhilleadh,
  Dh' fhàg mi spionna nan anfhann,
Ceann-uidh luch-ealai,
  Marri earras luchd seanchais.
Agus ulaidh aos-dàna,
  Chuir do bhàs iad gu h-imcheist;
'S o'n a chàidh tu sa chisti,
  Cha bu mhis a chùis fharmaid.

Cha bu mhis a chùis fharmaid,
  Ghabh mi tearba o'n treud sin,
Far an robh mi a'm mheanbh-ghair,
  'An toiseach aimseir mo chèitein,
'S ann an deireadh a charbhais,
  A dhearbhadh ar feuchainn
Chaill mi 'n ùr-ghibht, a chreach mi,
  Ann an seachduin na Cèusda.

Ann an seachduin na Cèusda,
  Diciadain mo bhriste,
Chaill mi iuchair na feudail,
  Cha mhi aon neach is mist è,
Gun bhrath faighinn gu bràth orr',
  S geul a shàruich mo mhisneach;
'S ann fo dhiomhaireachd m' àirnean,
  A tharmaich mo niosgaid.

A tharmaich mo niosgaid,
  Cha'n fhaidh mise bhi slàn deth,
'Se fear tinn a chinn ghalair,
  A ni'n gearan bochd cràiteach,
                    H 3

'S ann air ata 'n easlaint,
   Nach d' fhiosraich a nabui,
'Scha mho dh' àraich è thinneas
   Leis 'n do mhille mo shlainte.

Far 'n do mhille mo shlainte,
   'S ann a thàrmaich dhomh m' easlaint,
Gun d' chuir aimsir na càisge,
   Mi gu bràth fo throm airsneal,
Gheibh gach neach do na dh' fhàg thu,
   Rud 'an àite na bh' aca,
Ach mis agus Màiri,
   Chuir a bràthair 'an tasguidh.

Chaidh do bhràthair 'an tasguidh,
   'Sè mo chreach gur fior sud,
'S ann an diugh tha mi 'g acain,
   Mar bha mhac ma mhaol-ciarain,
Agus ise bochd bronach,
   'N dèigh a leonadh o'n chiadain,
Thug mo mhai'stir math uamsa,
   Leis 'n do bhuaineadh mo phian-bhron.

Mo phian-bhron a Mhàiri,
   Mar tha thu fo chumha,
Nach faic thu do Bhràthair,
   Mar a b' abhaist gu subhach,
An sean-fhocal gnàthaichte,
   An diugh 's fior e mar thuirt,
Nach robh meoghail ga miad,
   Nach robh na dèigh galach, dubhach.

Nach robh na dèigh galach, dubhach,
   'Sè 'm fear subhach am beairteas,

Cha'n fhaigh piuthar a bràthair,
  Ach gheibh bean àluinn leth-leapach,
Thainig àr air an dùthaich,
  'Dia dhùbladh an carta,
'S ga cumail an uachdar,
  Gus am buadhaich do mhac e.

Gus am buadhaich do mhac è,
  'N déigh a ghlasadh lè grùagaich,
Lan saibhris is sonais,
  'Ann san onòir bu dual duit,
Lean cùis 'sna bi leahbail,
  'S na biodh marbh-ghean air t-uaislean,
Cum an coimeas ruit fein iad,
  Sna toirbeum dha t-ainm Ruairi.

Ruairi reachdar run-meamnach,
  Tartach, toirbeartach, teannta,
Do shean-sean-athair o'n tainig,
  Cha b'ion do namhaid dol teann air,
S Ruairi gasta 'na dhraigh,
  Cha b'e roghainn bu tàire,
'S an treas Ruairi fa dheire,
  Cha b'e'n gainneanach fàs e.

Cha 'n eigh piubbar a briobbaidh,
Ach leibh bean silan leth-teitpach?

ORAN *a rinneadh do'n Ghath-bhuithinn Riogh-*
ail Ghae'lich, 'n uair a bha iad a' dol do dh'
America sa bhliadhna, 1756, leis na URRAM-
ACH MR. MAC LAGAIN.

BEIR soraidh uam le deagh rùn buaidh,
Dh' fhios ghaisgeach stuama gharbh-chrioch;
Ogain uaisle bhreacan uaine,
Eithle sguabaidh, 's ghearr-chot;
Lann dù-ghorm chruaidh air arm-chrios uall-
'S deilg 'nan guaillibh cearr ac'; [ach,
Ur laoich chruadalach thug buaidh,
An laimhseach luath lann, 's thargaid.

Buitheann chridheil Mhoir-fhear Iain,
Flath de'n Fhine lamh-thréin,
Ni naimhde dubhach, 's cairdean subhach,
'N deagh fhuil Mhuireach, 's ceannard:
'S ge h-e Loudan théid air leibh,
Tha e fearail sionnsar;
Glic gun mhoille, tréun san tarruing,
Bheir sibh caitheam nall leibh.

Leomhnai gharg de'n fhuil Albnaich,
Lean' ri'r, n-airm, 's ri'r n-éididh;
Faghaibh taraguid eutrom bhall-bhuidh,
Ghabhas dearg-thuadh Chaoilt'ach;
'S cuilbheir earr-bhuidh 'n laimh gach sealg-
air,
Seòid air marbhadh chaol-daimh;
O's mithich dh' Albnaich dol a shealg
Air Frangaich chealgach, 's Choill'tich.

Togaibh baideil àrd ri aigean,
Sdiùraibh grad tréun Chabhlach,
Air Cuan cas-thonn, stuadhach, bras, àrd,
Uaibhreach, glacach, beanntach,
Beuchdach, tartrach, gailbheach, lasrach,
Bhuaileas craig le stàirn-thoirm ;
Ach shleuchdas grad do'r Suaichiontas,
'S do'n phiob, toirt caismeachd falbh dhuibh.

Tha 'n cuan gu mìn a' tairgse sìth dhuibh,
Choisg e strìgh throm shiubhlach :
Tha thonnaibh mìn ri plubraich bhinn,
Seinn iorram dhuibh, a's thùg air :
Tha dearrsa grinn na gréine leibh,
San speur gach roinn air luasgadh,
A sheoladh dhuibh ur sligh th'air sàil
Do'n chaladh àigh is annsadh.

Air mòr-thìr chì sibh òighean rìomhach,
Teachd le mìle fàilte,
A's braon 's gach mìn-shùil, mhaoth air
'Nan gnùis bhian-ghil àillidh, [shior-chrith,
A' guidh an dìdean o'n luchd mi-rùin,
Eignich, millidh chràidh iad :
A chreach an tìr, a mharbh an dìllsean,
An gràdh, am fir, 's am bràithrean.

M'as òglaoich sibhse a thug gaol,
Ars òighe nan aodunn ghràdhach,
Bithibh treubhach, 's buidhnibh saors'
Do mhnaibh, 's chloinn ur cairdibh ;
Bheir buaidh air Coillt'ich 's Fraing na foill,
Do ribhinn mhaoth nam bàn bhos ;
Mas fios do mhaighd'nibh rùn maighdinn,
Leibh gun aom gun ain-deoin.

Ma 's àill leibh cliu dhuibh fein, 's do'r
  dùthaich,
'S gloir mar chiumhne bhàs-mhoir,
Ruaigibh 's sgiùrsaibh null gach Mùisi,
Leum th' air sruth *Naomh Laubhruinn ;*
Gu deas o bhruaich na fàgaibh cluain,
O cheann gu cuan aig Frangach ;
No n-ear o *Mhisisipi* na cuairt,
Gu muir an luailteach càbhlach.

'S tearuint dòchas chuir sna leomh'naibh.
Chleachd o'n òig an cruadal ;
Bhi measradh, cròdha, air bheag lòin,
A' siubhal mòintich, 's fhuar-bheann,
Bhi luth'or seòlt air marbhadh eoin,
Air feachd, air thòir, 's an tuasaid
Air claigne stròiceadh 'n cùis na còrach,
'S reachd'or mòr-chuis, uaibhreach.

'S cuimseach sealgoire nan garbh-chrioch,
'An àm an dairirich theintich,
Ni iad call le'm peileir tàirnich,
Ge b' e ball ri 'n caog iad :
Ri rùsg an lann, 's àrd screadraich chnamh,
Bi'dh àr nan laimh dheis 's maoim romp ;
Bi'dh sgrios do-shàsuich le sguaib làir,
A chaoi 'm bun sàil ùr nàimhde.

Ri leanailt ruaig mar ghaoith o thuath,
No seobhag, luas non éibhl-fhear,
Nach leig as uatha Frangaich luaineach,
No cos luath nan coillt-each :
A dh' fhògras ruadh-mhad Fraing gu tuath,
Bheir sith-shaimh shuas a beinn doibh,

'S le giulan suairc a bheir orr' buaidh,
A chaomhnas luaidh a chaoidh dhúinn.

'N sin gabhaidh craobh na sith le freumh,
Teann ghreim de'n doimhne thalmhuinn,
A's sinfidh geuga gu nuig nèamh,
Gach àird le seimh-mheas. 's geal-bhlàth;
Bi'dh ceileir éibhinn eun na meanglain,
'S daoin le'n cloinn a' sealbhachadh,
Toradh a's saothair an làmh gun mhaoim,
Fo dhubhar caomh a sgàil-san.

Gach gleann ni éibhneas, 's maoth-bhlà
    éiridh
Air gach beinn bha fàsail :
Bi'dh daoine a's spréidh, 's tuath-iteach
    speur,
Ri mireig, 's seirm luadh ghàirich ;
Thig pailteas, saorsa, gràdh a's aoi'eachd;
Am measg dhaoine dh' àiteach ;
Bheir sìth do'n ghrein, teas 's lonnrachd, 's
    gleus,
Do chò-sheirm nèamh, luaidh 's nàduir.

Air fàgail sìth, 's gach math thig dhi,
A's ceannachd a's tir mar b' àbhuist,
Mun *Ohio* rìomhach nan lùb lionmhor,
Thig sibh rìs gur n-àros,
Th'air chuan le pìob-cheol, subhach grinn,
'S le caithream binn 'n ur càbhlach.
Bi dh mai'dne rìomhach mar na mìltibh,
'S éisg mur pìob a' damhsadh.

Bi'dh cumh o'n righ, a's bui'cheas tìre,
'S cliu gach linn gu bràth dhuibh,

Dhion còir ur tir o shannt a mhillt-fhir,
'Sa dhearbh mor bhrì nan Gaidheal :
'S 'n uair thig sibh rìs bi'dh cairdean mìn
A's bàird bheul-bhinn d'ar failteach.
'S cha diult an ribhinn lamh do'n fhior-laoch,
Thug 's gach stri buaidh-làraich.

Ni 'r deagh ghiulan Deors a lùbadh,
'S bheir e dhuinn ar n-èididh,
'N èididh shurdail bha o thùs ann
O linn Adhamh as Eubha ;
'S ma bheir e'n tràs dhuinn mar a b' àbhuist
Ar n-inbh, ar n-airm, 's ar n-èididh,
'Sinn saighde 's fearr bhios na bhalg,
'S e 'n t-iochd ni Alb dha fèin dinn.

Bi'dh Breatunn, 's Eirinn, 's Eorp gu leir,
Geur amharc Ghaidheal Albannach ;
Ur tìr's mi fhin mar mhàthair chaomh,
A' guidh nèamh libh soirbheach :
Ri ceol no caoidh, réir mar thig dhuibh,
Chaoi cumaibh 'n cuimhn ur n-Aithreachd,
Nis, beannachd leibh : làn shonas 's buaidh
Gur cliuthsa luaidh-ghàir chàirdean.

ORAN *do'n Chath-bhuidhinn Rioghail, Ghae-
lich, an deigh Cath na h-Eiphit 'sa bhlia-
dhna* 1803; *leis an Aos-dàna.*

'S an ochd-ceud-deug, a's bliadhna,
  'S am béuc na siantan àrd,
Tha gaoth an Ear air sciathaibh
  Toirt sceul an Iar gun chàird,
Faraon tha cliuiteach, 's cianail,
  " Gun thuit mor Thriath 'san àr,
D'ar sloigh gu'n thuit na ciadan,
  Fa-leith laoich fhial nan Gaël."

Ma thuit, cha b'ann gun deagh-chliu,
  A dh'eug an laochraidh gharg,
Gun d'aithnich Raogha nan Saor-fhear,
  Gur garbh an glèus na'm fearg.
Dhi-làraich iad gu leir sgrìos
  Do-cheannsuich threin 'san t-sealg,
A's chuir am Bratach bheudach,
  Mar chuimhn' an éuchd da'n Alb'.

Is cha b'e co-throm Feinne,
  A fhuair na trein 'sa' bhlàr ;
O'n cùl, 's fudh dhuibhre oiche
  Do-cheannsuich thain' na'n dàil,
'S cath bhuidheann eil' re'n aodan,
  Bu leor r'an claoidh 'san àr ;
Ach thionndaidh, 's chuir gu maiom sud
  'S am fuil ga taom' gu làr.

I

'Nuair shaoil Menou gu'n d'aom iad,
  Chuir Marc-shluagh trein gu'n còir
Eich Arabach, luath, leimneach,
  A dheanadh èuchd air thòir :
Dh'ath-bheothaich Gaël ghleusda,
  A's chuir na'n steud sud fós ;
Bha Breat'naich uile treubhach,
  Ach sibhse treun th'ar glòir.

O'r feadain ghlas' ag smùidrich
  Bha frasa drùiteach gèur',
Ur gunna-bhiodaga ruisgte
  Mach air an Druim na'n stèud,
Ur claidhean sgaiteach, lùthmhor,
  Ag snaigheadh smùis, a's fhèith,
Sin dhearbh nach sibh na Lùb-fhir,
  Bha faoineis riu mu'n Rèn.

Ni bheil e'n comas dhaoine
  An trèine dol ni's àird;
Na chaidh na Gaïl ghleusda
  An tìr na h-Eipht an tràs,
An cliu a bha co daor dhuibh,
  Mo dhòigh, a chaoidh nach caill,
Bithidh neart, a's cliu nam fraoch bheann,
  Sior chuir re'r daoin', 's re'r càil.

Leam 's duilich na fir chròdha,
  A bhi fudh'n fhoid gun deo,
Ro fhad' ó'n dil'sibh brònach,
  Nach cluinn an glòr ni 's mò ;
Ach 's aoibhinn do na beothaibh,
  Gu'n robh iad mòr ná'n lò
Nach dean iad tuille gòrraich,
  'S nach èug an glòir, na'n sògh.

Ge duilich leinn na dh'eug dhibh,
Tha'n luaidh ac ceutach, cinnt',
O thuit iad an deagh aobhar,
'S gun d'fhag luchd ea-coir sìnt',
An gealtair bàs cha chaomhainn,
Gu dian ge d'shraon o rainn,
'S bithidh druim an Eagail reubtadh,
Ge fada leum na h-oilt.

Cha b'iongna leinn ur diobhail,
O ionnsuidh dhian ur naimh,
A shaoil tre sgrios na Fiannachd,
Gu'm fagta fiamhach càch;
Ach mheall sibh tùr am mì-run,
(A' miosgain thug gu'n call)
A's sgath sibh catha lionmhor,
Na'n doigh, bha cinnt' de'r bàs.

O thug na Francaich buaidh air
An fhuigheall thruagh, bha'n Gàl,
An deigh s' do Chensar uaibhreach
Am marbhadh, 'n ruag, 's an cràdh,
Shaoil iad gu'm b'ionann cruas do
Shaor-Ghaïl uasal Alb';
Bha ionnsuicht', aonuicht', cruadhaicht',
'S d'an dù sior bhuaidh nan colg.

Sibh Iarmad Iapheit, 's Ghomeir,
A ghluais o'n Tor do'n Eorp,
Sliochd Choillteach, Ghaël mhor-thir,
A's Ghaël-dònach cròth;
Nach geilleadh do shluagh Ròimhe
'S Teutònuich thain' na'r còir,
A chuid o chuid le seoltachd,
'S cha b'ann le treoir co mòr.

I 2

Na Lochlannuich thug ionnsuidh,
 Ar ceannsuchadh gu tur,
Le foghmhoireachd, 's droch thionsgna
 Faraon air tràigh, 's air muir;
Ach uaigh thug Gaël dhoibh sud,
 Leo gus am b'annsadh sgur;
'S bheir sibhse dearbh gach àm air
 Gur sibhse'n clann chruaidh, mhear.

Ar gaisg do dhùisg dhuinn mi-rùn,
 Nan Gotach fiata, searbh,
Seadh Iarmad Ghaël, tha lìonmhor,
 A' sàth na'r bian an calg.
Nis ni'm bheil Got a sgrìobhas,
 Nach bheil le miosgain garg,
Do nach sop-reic ar riabadh,
 Thoirt fiach d'a Fharuisg bhorb.

Ach choisin giùlan laochmhor
 Dhuibh meas cuid dhaoin' thug fuath;
D'ur tìr, gun fhios cia'n t-aobhar,
 Mur e bhi daonnan cruaidh.
Is aithne d'ar deagh righ sibh,
 'S d'a theaghlach rìmheach suairc,
Dhuibh chaoidh cha'n easbhuidh inbhe,
 'S sibh 'n tòir co dian air buaidh.

Cha ghann duibh luchd ath-lionaidh,
 'S ur cliu co cian, 's co binn,
Bithidh oig-fhir ghleusta, dhiana,
 'G ur'n iarraidh as gach beinn;
Tairngidh fuaim ur pìoba,
 Na miltean as na gleinn;
Bithidh breacain, 's claidhean liomha,
 Ag dùsgadh miann gach linn.

O ! Aberchromie chliuitich,
   Gur mor ar tùirs', ad' dheigh,
Gur mor a chaill do dhùthaich
   'N ad' chleachd, na d'iul, 's na d'threin' ;
Do Bhanntrach, a's t'òg fhiurain,
   Tha frasadh dlù nan dèur
Ach 's mòr am meas a's dù dhoibh
   Air sgà an Fhiùi dh'èug.

Ach Alastair àigh Stiuairt,
   Is aoibhinn leamsa t'èuchd,
A stiuir na Gaël shunndach
   An còmhrag cliuiteach Eipht ;
Ged thug anis, a's droch dhùthaich
   Dhiom slainte, lùths, a's glèus,
Chaoidh leanaidh mo cheud rùn sibh,
   'S is beatha ur cliu do m'chrè.

Nis saoghal fad', a's soirbheas
   Do ghaisgich gharg nan Gaël,
A dhionadh còir na h-Alba,
   'S a chosgadh buirb nan nàmh,
A bhuanach' sith, a's sealbh dhuinn,
   Air chuantaibh garbh, 's air tràigh,
Gu mair ar reachd, 's Co-dhealbhadh,
   Fudh righ math soirbh 's gach àl.

Bu dian ag ruith air aimhleas,
   Neach a thionndaidheadh a'n tìr,
Ar cinneadh dileas, lamh-laidir,
   Tre ghionach saibhris chrìn ;
A's co a choimhdeadh dhoibhsin sud,
   Gun chàirdean daimh an sgiath ?
Tha Bonaparte eibhneach dheth
   Mar leimeas iad muir shiar.

I 3

An deigh saothair, a's dorainn,
  Is aoibhneach sogh, a's saimh,
Deagh chliu o dhaoine coire,
  A's failte mhor o dhaimh;
Ach c'ait' am faighear glor dhomh
  A dh'aithris sogh nan oigh,
Thug meas, a's gaol an oig dhuibh,
  'S nis tha gun deo le h-agh.

Ged tha sibh an tir chian uam,
  Mo shoruidh sior 'nur coir,
Biodh tearmunn an aird Thriath leibh,
  Gur dion o lochd, 's o leon;
Is aoibhinn leam deagh sgial oirbh,
  Ged tha mi crionaidh, breoit,
Ach mis', mas Oisein liath mi,
  Mo dhoigh, bithidh m'Fhiann sior bheo.

ORAN *d'a Chèilidh.* le D, Mac-an-t-saoir.

A MHARAI bhàn og, 's tu 'n óigh th'air m'-aire,
Ri'm bheo bhi far am bithinn fhein ;
O'n fhuair mi ort cóir cho mór 's bu mha' leam,
Le pósadh ceangailt' o'n chleir,
Le cúmhnanta teann, 's le banntaibh daingean,
'S le snaim a dh'fhanàs, nach treig :
S é t fhaotain air làimh le gràdh gach caraid
Rinn slàinte mhaireann a'm' chré.

'Nuair bha mi gu tinn 's mi dhìobhail leannain,
Gun chinnt co thèannadh rium fhein,
'S ann a chunna' mi 'n óigh air bord tigh-leanna,
'S bu mhóthar ceanalt' a beus :
Tharruing mi suas ria, 's fhuair mi gealladh
O'n ghruagaich bhanail bhi 'm reir :
'S mise bha aobhach t-fhaotainn marrum,
'S crodh-laoigh a' Bharain a'd' dheigh.

Maduin Di-luain, ge buan an t-slighe,
'Nuair ghluais mi ruidhinn mar ghaoth,
A dh' fhaicinn mo luaidh 's rud uainn' nar dithist
Nach dualda rithist gu'n sgaoil ;
Thug mi i 'n uaignéas uair abhruithinn,
'S ann fhuair an ni an mo ghaol,
A's chluinneadh mo chluas an fhuaim a bhitheadh
Aig luathas mo-chridhe ri 'm thaobh.

Sin 'nuair chuir Cupid an t uldach a'm 'bhroilleach,
G'a shaighdean corranach caol, [choluinn,
A dhrúith air mo chuislibh, chuir luchd air mo
Leis an do thuit mi ge b'oil leam, 's gu'n d'aom,

Dh'innis mi sgeul do'n té rinn m' acain,
　Nach leigh a chaisgeadh mo ghaoid ;
'Sé leighis gach creuchd, i fhein le feartaibh
　Theachd réidh a'm' ghlacaibh mar shaoil.

Bheir'inn mo phóg do'n óg-mhnaoi shomult',
　A dh'-fhàs gu boinneanta, caoin,
Gu mìleanta, cómhnard, seócail, foinneamh
　Do chómhradh gheibh mi gu saor.
Tha mi air sheól gu leoir a'd' chomain,
　A mhóid 'sa chuir thu gu faoin
Do m' smaointean górach, próis nam boireannach,
　'S cóir dhamh fuireach le h-aon.

Chaidh mi do'n choill' 'n robh croinn as gallain
　Bu bhoisgeil sealladh mu'n cuairt,
'S bha miann mo shúl do dh'fhiuran barruicht,
　An dlú's nam meanganan shuas,
Geug fo bhlá' o bár gu talamh,
　A lúb mi farasd a nuas :
Bu duilich do chách gu bráth a gearradh,
　'S é'n dán damh 'm faillean a bhuain.

Shuidhich mi lion air fior-uisg tana,
　'S mi stri 'ga tharruing air bruaich,
'S thug mi le sgríob air tír a ghealag,
　'S a líth mar eal' air a' chuan ;
'S toilicht' a dh'fhàg a 'n la sin m' aigne,
　An roinn a bh'agam san uair ;
B'i coimeas mó cheud mhna' reult na maidne,
　Mo chéile codail 's mi 'm shuain.

'Sè b'fhasan leat riamh bhi ciallach banail
　Ri gniomh, 's ri ceanal mna-uaisl :
Gu páirteach, báigheal, blá', gun choire,
　Gun ghíomh, gun ghoinne, gun chruas,

Gu'deirceach, daonntach, faoilidh, farrasd',
  Ri daoine fanna, boc', truagh;
Is tha mi le'd' sheól, an dóchas ro-mhath,
  Gur lón a d' anam do dhuais.

Chuir mi air thús ort iùl as aithne,
  Le sùgra' ceanalta, suairc,
'Nuair theannain riut dlù, ba churaidh' d' anail
  Na ùbhlan meala 'gam buain :
Cha bhiodh sgeul rùin air gunndmo stamaic,
  A b' fhiu, nach mealladh i uam;
Nan cuireadh i cúl rium 's diulta' baileach,
  Bu chúis damh anart as uaigh.

Do bhriodal bla' sdo mhàran milis,
  Do nàdur grinneas gach uair,
Gu bialchair gaireach alùinn coineil,
  Gun chás a thóille dhuit fuath,
Chuir i guin bhais fad rái 'm mhuineal
  Dh'fhag lan mi mhulad sa ghruaim,
Nuair thuig i mar bha sa thár mi n-ulaidh
  Ghrad sparr i 'n cunnart ud uam.

'S ann thog e mi 'm pris o'n tíom so 'n uraidh,
  An ní 'san urrain a fhuair,
'Sguab do'n ire fhíor-ghloin chruineachd,
  An síol a's urramach buaidh.
Sin na chuir mi co-riomhaich ùmad;
  Bha d' inntin bunailteach buan :
Líonadh do sgiamhachd miann gach duine,
  An dreach, fiamh, an cumachd, 's an snuagh.

Do chuach fhalt bán air fás cho-barrail,
  'Sa bhár lán chamag as dhual ;
T-aghaidh ghlan, mhálta, náiach, bhanail,
  Do dhà chaol mhalaidh gun ghruaim ;

Súil ghorm, líonntach, mhin-rosg, mheallach,
  Gun díth cur fal'ann a'd' ghruáidh;
Deud gheal íobhraidh dionach, daingean,
  Beul bìth nach canadh ach stuaim.

Shiúbhladh tu fásach áiridh glinne
  'San áit' an cinneadh an spréidh,
G' am bleothan mu chró, 's bhi chóir na h innís
  Laoigh óg a' mireadh 's a' leum;
Cha mhiosa do lámh 's tu láimh re coinnil
  Na 'n seómar soilleir ri gréin,
A' fuaidheal 's a' faithmeadh bhann as phionar,
  An ám chur grinnis air greus.

Do chneas mar an éiteag glé-ghlán, fallain,
  Corp seamh mar chanach an t-sléibh;
Do bhráigh co-mhin, 's do chíochan corrach
  S iad liontach, soluist le chéil';
Gaoirdeine tlá geal lámh na h ainnir,
  Caol mheoir, glac thana, bàs réidh;
Calpa deas úr, troigh dhlu' 'm broig chuimir,
  Is lúthar innealta ceum.

'S ann fhuair mi bhean chaoin aig taobh Mhám-
    charraidh,
  'Sa gaol a'm' mhealladh o'm chéill', [tharruing,
Bha do chridhe dhòmh saor, 'nuair dh'fheud mi
  Cha b'fhaoin domh bharail bhi d' reir
'S ioma' fuil uasal, uai'reach, fharumach,
  Suas ri d' cheann-aghaidh fhein,
Gad' chumail am pris an Righ 's MacCailein,
  'S tu shiol nam fear a bha 'n Sléit'.

Nam faighinn an drast do cháramh daingeann
  An áite faluich o'n eug;

Ge d' thigeadh é d' dháil, as m' fhágail falamh
  Cha b' áill leam bean eil' a'd' dheigh :
Cha toir mi gu bráth dhuit dranndan teallaich,
Mu'n ardaich aileag do chléibh,
Ach rogha' gach márrain, grádh as furan,
  Cho-bla' 'sa b'urrainn mo bheul.

Dheanainn duit ceann, as crann, as t-earrach,
  An ám chur ghearran an éill,
's dheanainn mar chách air tráigh na mara,
  Chur áird air mealladh an éisg :
Mharbhainn duit geoidh, as róin, as eala,
  'S na h eoin air bharra nan geug,
S cha bhi thu ri d' bheo gun seól air aran,
  'S mi chomhnuidh far am bi féidh.

MURTA GHLINN GOTHANN.

Mile marbhaisg* ort a shaoghail,
  Tha thu carach, mar chaochla nan sion,
An ni nach guidheamaid fhaotuinn,
  Mar na sruthaibh a' maom oirn a nios ;
Si chneidh féin, th'ar gach aobhar,
  Bhios gach duine a' caoine, 's e tinn,
Breth mhie samhain air saoidhein,
  Tighinn a ghleachd ruinn a thaobh cùl ar cinn.

---

* Marbh-phàisg.

3

A Righ fheartaich na gréine..
  Tha'n caithir na féile, dean sìth,
Ri cloinn an fhir a bha ceutach,
  Nach bu choltach ri féile-fir chrion ;
'N uair a thogta leat bratach,
  Croinn chaola, fraoch daite, agus pìob,
Bhiodh mnài ghaoil, le fuaim bhos
  A' caoi laoich nan arm sgaiteach san strì.

Gun robh aigne duin uasail
  Aig a bhail' agus uaithe a' d' chòir,
Cha b' i ghéire gun tuigse
  Bha sa bheul bu neo-thuislìche glòir ;
Ceann na ceill a's na cuideachd
  Rinn na-h-eacoraich cuspair de t'-fheoil :
Cha b' e 'm breugair a mhurtadh
  Le luchd shéideadh nam pluicean air stòl.

Ach fear mor bu mhath cumadh,
  Bu neo-sgàthach an curaidh gun ghiomh,
Cha robh barr aig mac duine ort
  Ann an àilleachd, 's an uirigleadh cinn :
Anns a bhlàr bu mhath t-fhuireach
  Chosna làrach, a's urram do'n righ ;
Mo sgread chràiteach am fulachd
  A bha 's tigh chlàraidh 'n robh furan nam pìos.

Cha robh do chridhe mar dhreagon
  Tarruing slighe na h-eacoir a'd' chùis,
'S tu le d' chloidheamh ag éiridh
  As leth t-athar 's righ Seumas a chrùin :
'Taid an Albuinn 's an Eirinn,
  Luchd a thathaich, sa réiteach do chùis ;
Bi'dh la eile ga dheuchàinn.
  'S tus' ad luidh an cist' anns an ùir.

B'iad mo ghràdh na cuirp gheàla
   Bha gu fiughantach, fearail, neo-chrìon,
'S mairg a chunnaic ur n-uaislean
   Dol fo bhinn ar luchd fuatha gun dion;
Ach nam bitheamaid 'nar n-armaibh
   Mun do chruinnich an t-sealg air an tir,
Bhiodh luchd chòtaichean dearga
   Gun dol tuille do dh' armailt an righ.

Cha robh gnothach aig lèigh
   Dhol a leigheas nan creuchd nach robh slàn,
A' call am fola fo'n lèintibh
   Bha na fir bu mhòr feill ri luchd dhàn,
Nam b'e cothrom na Feinne
   Bhiodh eadar sibh fein 's Clanna-gall,
Bhiodh eoin mholach an t-sleibhe
   'Gairsinn salach air chréibheagaibh chàich.

Cha b'e cruadal an cridhe
   Thug dhoibh buannachd air bnidheann mo rùin,
Tilge luaidhe na cithibh
   Sud an uair a bha mi-shealbhach dhuinn,
Eadar uaislibh a's mhithibh
   Gun robh bhuaidh ud a'ruidh oirn o thùs;
O'n 's i'n uaigh ar ceann-uidhe
   Bi'dh na sluaisdean a' frithealadh dhuinn.

Cha b'i sud an fhuil shalach
   Bha ga taomadh mu'n talamh sa ghleann,
'Sa liuthad ùmaidh mar ghearran
   A bha cuir fùdair na dheannaibh mu'r ceann;
A Righ dhùlaich nan aingeal
   Gabhsa cùram da 'r n-anam, 's sibh thall,
Chaidh ur cunntas an tainead
   Le garbh dhùsgadh na malairt a bh' ann.

K

Thrus do chinne r'a chéile
   Dheanamh coinneamh an de' anns an Dùn,
Cha d' aithris thu sgeuladh
   Fhir a b' urrainn a rèiteach gach cùis;
Ibhte dhaingean nan sgéith thu,
   'S am baranta treun air an cùl
Bi'dh là eile ga reiteach,
   'S mise druidte fo dhéilidh san ùir.

Cha bu chòcairean gìoraig
   Chumail còmhnard an slinnein roi chàch;
O'n là thòisich an iomairt
   Chaill Clann-Domhnuill ceann-fineadh no dha;
'N Gleacair òg ur Ceann-cinnidh
   Chuir a dhòchas 'an smioraibh a chnàmh;
Gheibheadh còcaire bioradh
   Rogha spoltaich o spionnadh a lamh.

Luchd a thràghadh nam buideal
   Bheireadh earrach air rùban de'n fhìon,
'Nuair a thàrladh sibh cuideachd
   Bu neo-bhrùideil mu'n chupan ud sibh;
Ag iomairt thàileasg, a's chluichibh
   Air a chlàr bu neo-thrù'ail ur gniomh;
Cha bu chearr am measg truid sibh
   'Nam pàidheadh na cuideachd, 's g'an diol.

Gu bheil mise fo mhulad
   Ag amharc ur gunnadh air steill,
Sàr ghiomanaich ullamh
   Leis an cinneadh an fhuil anns a bheinn,
Ann am frìgh nan damh mullaich
   Far an deanar libh munasg air seilg,
Ga bu tric sibh gan rùsgadh
   Cha d' iarr sibh riamh cunntas sna béin.

Cha bu sgàthairean gealtach
  Bhiodh a' maoitheadh an gaisge gach là,
Tha san Eilean nan codal
  Nach dùisg gus am faicear am bràth,
Luchd dhireadh nan èit-bheann
  Le'n cuilbheiribh gleusta nan laimh,
'S lionmhor fear nach d'rinn éiridh
  Bha na ghìomanach treun air a h-earr.

Righ gur mis tha fo airtneul
  Ri àm dhomh bhi faicinn ur beann,
Cha lugha mo chuid cùraim
  Ri bhi cuimhneach ùr dùchanna thall,
Mu'r mhithe mar thachair
  'S ann leamsa gum b'ait bhi dol ann,
Gus an d-thainig a chreach oirn
  Mar gun tuiteadh a chlach leis a ghleann.

'S lion'ar fear tha toirt sgainneil
  Do'n tighearn òg air an fhearann so thall,
Eadar ceann locha Raineach,
  Rugha shleibhte, 's bun Gharaidh nam beann,
Bha thu feicheannach daingean
  Far an èisdte ri d' theangaidh an cainnt,
Mar iurball peuchdaig gu tarruing,
  'S mar ghath reubaidh na nathrach gu call.

Leum an stiùir bharr a claiginn
  Le muir suigh, 's gun sinn ath-chainnteach dhò,
Dh'fhalbh na croinn, 'sna buill bheairte,
  'S leig sinn uallach na slait air an sgòid;
'S bochd an dùsgadh sa mhaduinn
  So fhuair sinn gu grad a theachd oirn,
'S ma gheibh sinn ùine ri fhaicinn
  Bheir sinn fùcadh mu'n seach air a chlò.

Oran *nam Fineacha Gae'lach, le* IAIN *dubh* MAC
IAIN *'ic* AILEIN.

'S i so 'n aimsir a dhearbhar
   An dearganach dhuinn,
'S bras meamnach fir Alba
   Fo 'n armaibh air thùs ;
'N uair dh' éireas gach treun-laoch
   Nan èididh ghlan ùir,
Le rùn feirg agus gairge
   Gu seirbhis a chrùin.

Theid mathaibh na Gae'ltachd
   Gle shanndach sa chùis,
S gur lionmhor each seang-mhear
   A lhamhsas le sunnt,
Bi'dh Sasgannaich caillte
   Gun taing dhoibh ga chionn,
Bi'dh na Frangaich nan campaibh
   Gle theann air an cùl.

'N uair dh' éireas clann Domhnuill
   Na leomhainn tha garg,
Nain beo-bheithir mhòr-leathunn
   Chonnspunnaich gharbh,
Luchd sheasamh na còrach
   Gan òrdugh lamh dhearg,
Mo dhoigh gum'bu ghorrach
   Dhoibh tòiseachadh oirbh.

Tha Rothaich a's Ròsaìch,
　Gle dheònach air teachd 'nar ceann,
Barraich an treas seorsa,
　Tha chomhnuidh measg ghall ;
Clann Donachaidh cha bhreug so
　Gun eireadh libh 's gach àm,
Mar sin is clann Reabhair
　Fir ghleust nach éisd bhi annt.

'S iad Clann-an-Nab an seorsa
　A theid boidheach nan triall,
'S glan còmhdach nan cò'-llan
　Luchd leonadh nam fiadh ;
Iad fein a's Clann-Pharlain
　Dream àrdanach, dhian,
'S ann a b' àbhaist gan àireamh
　Bhi 'm fàbhar Shiol-chuinn.

Na Leòdaich am pòr glan,
　Cha b' fhòlach ur sìol,
Dream rioghail gun fhòtus
　Nan gòrsaid, 'snan sgiath,
Gur neartmhor, ro-eolach
　Ur n-oig-fhir, 's ur-liath,
Gur e crudal ur duàlchas
　A dh' fhuasgail oirbh riamh.

Clann Iomnhuinn o'n Chréithich
　Fir ghle ghlan gun smùr,
Luchd nan cuilbheire gleusda
　Nam feuma nach diult :
Thig Nialiaich th' air sàile
　Air bhàrcaìbh nan sùgh,
Le 'n cabhlach luath làn-mhor
　O Bhàghan nan tùr.

K 3

Clànn-Illean o'n Dreollainn,
  Theid sanntach san ruaig,
Dream a chlosadh aineart,
  Gun taing choisinn buaidh ;
Dream rioghail do-chìosaicht,
  Nach striochda do'n t-sluagh,
'S iomad mìle deas direach
  Bheir inntinn dhuibh suas.

Gur guineach na Gui'nich
  'Nam bhriseadh cheann,
Bi'dh cnuachdan gan spuachdadh
  Le cruadal ur lann,
Dream uasal ro uaibhreach,
  Bu dual bhi san Fhraing,
'S ann o Dhiarmad a shiolaich
  Pòr lionmhor nach gann.

Tha Stiùbhartaich ùr ghlan
  Nam fiùrain gun ghiomh,
Fir shunntach nan lùth-chleas
  Nach tionndai le fiamh,
Nach gabh cùram roi mhùiseag,
  Cha b' fhiu leo bhi crion,
Cha bu shùgradh do dhù-ghall
  Cùis a bhuin dhibh.

Gur lionmhor lamh theomadh
  Aig Eoghann Loch-iall,
Fir cholganda bhorganda,
  'S oirdheirce gniomh,
Iad mar thuilbheum air chorra-ghleus,
  'S air chon-fhadh ro dhian
'S i mo dhùilse nam rùsgadh
  Nach diult sibh dol sios.

Clann-Mhuirich nach sòradh
  A chonnspairn ud ial,
Dream thuilteach gun mhòr-chùis
  Ga'n còir a bhi fial,
Gur gaisgeal fior-sheolta
  Ar mòr thionail cheud
Ni sibh spòlta air feolach
  A stròiceadh fo 'n eun.

Tha Granntaich mar b' àbhuist
  Mu bhràigh uisge Spé,
Fir laidir ro-dhàicheil
  Theid dàn anns an streup,
Nach iarr cairdeas no fàbhar
  Air nàmhuid fo'n ghrein;
'S i n-ur làmhach a dh' fhàgas
  Fuil bhlàth air an fheur.

Tha Frisealaich ainmeil
  Aig seanchaibh nan crioch,
Fir gharbha ro chalma,
  Ur fearg cha bu shìth;
Tha Catanaich foirmeil
  Si 'n armachd am miann,
'An cath gairbheach le 'r n-armaibh
  A dhearbh sibh ur gniomh.

Clann Choinnich o thuath dhuinn
  Luchd bhuannachd gach cìs;
Gur fuasgailteach, luath-lamhach
  Ur n-uaislean san strìgh;
Gur lionmhor ur tuadh-cheathairn
  L 'm buailtibh de ni;
Thig sluagh dùmhail gun chunntas
  A dùthaich Mhic-Caoidh.

Nis o chuimhnich mi m' iomrall,
　　'S fàth iunntraichinn iad,
Fir chunnbhalach chumaitc,
　　Ni cuimse le 'n laimh,
Nach deau iumluas mu aon-chuis
　　Chionn iunntais gu bràth,
Gur muirneach ri 'n iomradh
　　Clann-Fhiunnlaidh Bhrài-bhàrr.

Thig Gordanaich, 's Greimich,
　　Grad gleusd as gach tir;
An cogadh righ Tearlach
　　Gum b' fheumail dha sibh;
Griogaraich nan geur-lann
　　Dream spejseil nam pios,
Air leam gum bi 'n eucoir
　　'Nuair dh' èigheadh sibh sios.

Siosalaich nan geur-lann
　　Theid treun air chùl arm,
An Albuinn san Eirinn
　　B' e ur beus a bhi garg,
An àm dol a bhualadh
　　B' e 'n cruadal ur calg,
Bu ghuineach ur beuman
　　'N uair dh' éireadh oirbh fearg.

Nam biodh gach curaidh treun-mhor
　　Le cheile san àm,
Iad air aon inntinn dhìrich
　　Gun fhiaradh, gun chàm,
Iad cho chinnteach ri aon fhear,
　　'S iad tì·theach air a gheall,
Dh' aindeoin mùiseag nan dù-ghall,
　　Thig cùis th' air an ceann.

Coire-cheathaich, le D. MAC-AN-T-SAOIR.

'Se Coire-cheathaich nan aighean siùbhlach
An Coire rùnach is ùrar-fonn,
Gu lurach, miad-fheurach, mìn-geal, sùgh'or,
Gach luisean fliùar bu chùbhraidh leam ;
Gu molach, dùbh-ghorm, torrach, lùisreagach,
Corrach, plùireanach, dlù ghlan, grinn ;
Caoin, ballach, dìtheanach, cannach, mìsleanach,
Gleann a mhùlltich, san lìonmhor mang.

Tha falluing dhùinte gu daingean, dùbailt,
A mhaireas ùine mu'n rùisg i lom,
De'n fheur is cùl-fhinne dh'fhàs na h-ùrach,
'Sa bhàrr air lùbadh le drùchda trom,
Mu choire guanach nan torran uaine,
'Bheil luibh a's luachair a suas gu cheann ;
'S am fàsach guamach 'an càs a bhuanadh,
Nam b' àite cruaidh e'm biodh tuath le'n suim.

Tha trusgan faoilidh air crùit an aonaich
Chuir sult :.'s aoidh air gach taobh a d' chom,
Mìn-fheui chaorach, a's barraibh bhraonan,
'S gach lus a dh'fhaodadh bhi'n aodunn thom,
Mu'n choir' is aoidheala tha ii fhaotainn,
A chunnaic daoine an taobh so'n Fhraing ;
Mur dean e caochladh b'e'n t-aighear saoghalta
Do ghillibh eatrom bhi daonnan ann.

'S ann mun ruadh ais-righ dh'fhàs na cuairteagan
Clùthor, cuaicheanach, cuannar, àrd,

A h-uile cluanag 's am bàrr air luasgadh,
'S a ghaoth gan sguabadh a nunn 's a nall:
Bun na cipe, a's bàrr a mhìlltich,
A chuiseag dhìreach, 's an fhìleag cham;
Muran briògh'ar, 's an grunnusg lionmhor
Mu'n chuilidh dhìomhair am bi na suinn.

Tha sliabhna làirig an robh Mac-Bhaidi
Na mhothar fàsaich, 'sna stràchda trom;
Slios na bàn-leachduinn, cha'n i's tàire,
Gur tric a dh'àraich i'n làn-damh donn;
'S na h-aighean dàra nach d-théid a'n bhà-thigh,
A bhios le'n àlach gu h-àrd 'nan grunn,
'S na laoigh gu h-ùiseil a là 'sa dh' oidhche,
'S na h-urrad cruinn diubh air druim clach-fionn.

Do leachda chaoineil gu dearcach, braoileagach,
Breac le feireagaibh 's cruinn dearg ceann;
An creamh na chaithrichibh am bac nan stairi-
Stacan fraoineasach nach bu ghann: [chean-
Am bcarnan-brìde, 'sa pheighinn rioghail,
'San canach mìn-gheal, 's am mìslean ann;
'S a h-uile mìr dheth o'n bhun is ìsle
Gu h-ionad cìrean na crìch is àird.

'S rìomhach còta na craige mòire,
'S cha'n'eil am fòlach ad chòir san àm,
Ach meunan còinich, o's e bu nòsaire,
Air a chòmhdachadh os, a's thall:
Na lagain chòmhnard am bun nan sronag,
Am bi na sòghraichean, 's neònain fann,
Gu bileach, feòrnaineach, milis, ròineagach,
Molach, ròmach, gach seors' a th' ann.

Tha mala ghruamach de'n bhiolair uaine
Mu'n h-uile fuaran a th' anns an fhonn;

A's doire shealbhag aig bun nan garbh-chlach,
'San grinneal gainich gu meanbh-gheal, pronn,
Na ghlugaibh plumbach air ghoil gun aon teas,
Ach coileach buirn tighinn a grunnd eas lom ;
Gach sruthan uasal na chuailean cùl-ghorm
A' ruith 'na spùtaibh, 's na lùbaibh steoll.

Tha bradan tarra-gheal sa choire gharbhlaich
Tha tigh'nn o'n fhairge bu ghaileach tonn,
Le luinneis mheamnach a'ceapa mheanbh-chuileag
Gu neo-chearbach le cham-ghob crom ;
Air bhuinne borb, a's e leum gu foirmeil
Na éididh cholgail bu ghorm-ghlas druim,
Le shoillsibh airgid, gu h-iteach meanbh-bhreac,
Gu lannach, dearg-bhallach, earr-gheal sliom.

'S e Coire-cheathaich an t-aighear prìseil.
'San t-àite rioghail mu'm bìdht a sealg ;
'S bi'dh féidh air ghiulan le lamhach fùdair
Cur luaidhe dhù-ghuirm gu dlù nan calg :
An gunna gleusda, 's an cuilean eatrom,
Gu fuileach, feumannach, treubhach, garg,
A' ruidh' gu siùbhlach, a gearradh shùrdag,
'S a' dol ga dhùlan ri cùrsan dearg.

Gheibhte dàonnan mu d' glacaibh faoine,
Na h-aighean maola, na laoigh, 's na maing ;
Sud bu mhiann leinn 'am maduinn ghrianaich
Bhi dol gan iarruidh, 'sa fiadhach bheann ;
Ged thigeadh sìontan oirn, uisg a's dìle,
Bha seol gar dìdean mu'n chrìch san am,
An creagan iosal am bun na frìdhe,
San leabaidh dhiona, 's mi m'shineadh ann.

Sa mhadainn chiùin-ghil, an àm dhomh dùsgadh,
Aig bun na stùice b' e 'n sùgra leam,

A chearc le sgiùcan a'gabhail tùchain,
'San coileach cùirteil a' dùrdail crom :
An dreathan sùrdail, 'sa ribheid chiùil aige
Cur na smùid deth gu lùth'or binn,
An druid 'sam brù dearg, le moran ùinich,
Ri ceilear sunndach bu shiubhlach rann.

Bha eoin an t-sleibhe nan ealtuin ghle ghloin
A' gabhail bheusan air gheig sa choill,
An uiseag cheutach, 'sa lumneag fein aice,
Feadan speiseil gu réidh a' seinn ;
A chuag 's smeorach am barr an ògain,
A' gabhail òrain gu ceolmhor binn ;
'N uair ghoir au cuannal gu loinneil guanach,
'S e 's gloine chualas am fuaim sa ghleann.

'N uair ig iad còmhla na bheil ad chòirse
De na h-uile seòrsa bu chòir bhi ann,
Damh na cròice air srath na mòintich
'S e gabhail crònain le dreòcam àrd,
A' dol san fhèithe gu bras le h-aoibhneas
A' mire-leumnaich ri éildeig dhuinn ;
B' i sin an rìbhinn a dh' fhàs gu mìleanta,
Foinneamh, finealta, direach, seang.

Tha mhaoisleach chù'-bhui air feadh na dùsluing
Aig bun nam fiuran gan rùsga lom,
'S am boc gu h-ùtluidh ri leaba chùirteil,
A's e ga bùrach le rùdan crom ;
'S am minnein, riathach bu luime cliathach,
Le chuinnein fiata is fiadhaich ceann,
Na chadal guanach an lagan uaigneach
Fo bhàrr na luachrach na chuairteig chruinn.

Is lionmhor cnuasachd a bha mu 'n cuairt duit,
Ri àm am buain gum bu luaineach clann.;
Ri tional guamach, gu fearail suairce,
'S a' roinn gu-uasal na fhuair iad ann:
Céir-bheach na cnuachdaibh, 's an nead na chuairt-
'Sa mhil ga buannachd air cruaidh an tuim, [eig,
Aig seilleiñ riathacha, breaca, srianach,
Le 'n crònan cianail is fiata srann.

Bha cus r'a fhaotuinn de chnuthaibh caoine,
'S cha b' iad na caochagan eatrom gann ;
Ach bagailt mhaola, bu taine plaoisg,
A' toirt brìgh a laoghan na maoth-shlait fann.
Srath nan caochan na dhosaibh caorain,
'S na phreasaibh caola, làn chraobh a's mheang ;
Na gallain ùra, 's na faillein dhlùtha,
'S am barrach dùinte mu chùl nan crann.

Gach àite timchioll nam fàsach iomlan,
Am màm a's fionn-ghleann, 's an tuilm ga chòir ;
Meall-tionail laimh ris, gu molach, tlàthail,
B' e chulaidh dh' àrach an àlaich òig :
Na daimh 's na h-eildean am madduinn cheitein,
Gu moch ag éiridh air réidhlein feoir ;
Greidhein dhearg dhiubh air taobh gach leargain,
Mu 'n Choire gharbhlaich, 'gan ainm an Ceo:

L

MARB-RANN *do'n Ard-Urramach* MR. SEUMAS BEATTIE, *Fear-teagaisg Càn'ain, 's nan Eolus nàdurra, ann an Aoltigh Uir-Obairreadhain; a chaochail sa Mhadainn-Diardaoin, an* 4*amh. là do'n ochdamh mios* 1810. " *Air fonn, Murta Ghlinne-combann.*" Le E. McL.

—— κρυεροῖο τεταρπόμεθα γοοῖο!

Homer.

Och nan och! mar a ta mi!
Thrèig mo shùgradh, mo mhànran, 's mo cheol!
'S trom an aiceid tha 'm chràdh lot,
'S goirt am beum a rinn sgàinteach 'am fheòil;
Mi mar annrach nan cuaintean,
A chailleas astar feadh stuaghaibh sa cheò;
O'n bhuail teachdair a bhàis thu,
A Charaid chaoimh bu neo-fhàilteumach glóir.

A Ghaoil! a Ghaoil de na fearaibh!
'S fuar a nochd àir an darach do chrèubh
'S fuar a nochd air a bhord thu,
Fhiùrain uasail bu stòild ann ad bhèus!
An lamh gheal, fhuranach, chàirdeil,
Is tric a ghlac mi le fàilte gu 'n phlèid,
Ri d' thaobh 's an anairt na sìneadh,
Na meall fuar creadhe, fo chìs aig an èug.

A mhìog-shuil donn bu tlàth sealladh,
A nis air tionnda, gun lannair a d' cheann !
'S sàmhach binn-ghuth nan ealaidh !
'S dùint am beul ud o'm b' annasach cainnt !
An cridhe firinneach soilleir,
Leis 'm bu spideil duais foille, no sannt ;
A nochd gun phlosg air an dèilidh !
Sian mo dhosgain, nach breugach an rann.

Gun smid tha 'n ceann anns na thàrmuich
Bladh gach coluis a b' àird ann am miagh ;
Gliocas eagnai na Grèige,
'S na thuig an Eadailt bu gheur-fhoclaich brìgh !
'S balbh fear-rèitich gach teagaimh ;
Anns a bheurla chruaidh, spreigearra, ghrinn !
'N uair bhios luchd foghlum fo dhubhar,
Co na t' ionads o dh' fhuasglas an t-snuim ?

'S balbh an labhraiche pòngail,
Bu tearc r'a fhaotainn a chombanach beoil ;
'Am briathraibh snaighte, sgèimh-dhealbhach,
A chur na h-ealaidh no 'n t-seanchais air neoil ;
Ge b' è Bard an dàin chèutaich,
Mu chian-astar Ænèais o Thròidh ;
'S fìrinn cheart nach bu diù leis,
E fe'n thoirt seachad mar Ughdair do sgeoil.

Gun smid tha'n Gliocair a b' eòlach,
Air fad na criutheachd a dh' òrdùich Mac Dè !
Gach gne an saoghal na Fairge,
'S a mhachthir chòmhnaird no 'n garbhlaich an
Gach bileag ghorm a tha lùbadh,   [t-slèibh ;
Fo throm eallaich nan drìuchd ris a ghrèin :
'S an riòghachd mheatailtich b' àghor,
Do phurp ag innse dhuinn nàdur gach seud.

'S balbh fear-aithne nan ràidean,
A shoillsich Aingil, a's Fàidhean o thùs;
A's soisgeul ghloirmhor na slainte,
Thug fios air tròcairean Ard-Righ nan dùl:
'An stèigh gach teagaisg bu ghràsmhoir,
'S tearc Pears'-eaglais thug bàrr ort, a Rùin!
Dòchas t-anma bu làidir,
'S an fhuil a dhortadh gu Phàrrais thoirt dhuinn.

Riaghluich t-eolas de ghiulan,
Modh na foirfeachd a b' iuil duit 's gach ceum:
Do mhòr-chridh uasal gun tnùth ann
Gun ghoimh, gun uabhar, gun lùbaibh, gun
Cha b' uailse tholgach an fhasain,   [bhrèug;
Cha dealradh saibhris a thatadh do spèis;
'Si 'n inntinn fhior-ghlan, a b' fhiu leat,
A's foghlum dìchill ga stiuradh le cèill.

Mo chreach lèir an tigh mùirneach,
'S am faict' a ghreadhain gu sunntach mu'n bhòrd,
Dreòs na cèire toirt soillse,
Gach fion bu taitniche faoileas, fo chròichd:
Do chuilm bu chonaltrach, fàilteach,
B' aiseag slainte dhuinn mànran do bheoil;
Bu bhinn a thogail na tèis thu,
'Sa chruit fhonn'or ga glèusadh gu ceòl.

'N uair dh' èirgheadh còisridh bu choinnealt,
A dhanns' gu lùth'or ri pronnadh nam pòng;
Gum b' èibhinn cridh do mhnà-comuinn,
Do chròilein maoth, 's iad gu tomanach, donn;
A ghearradh leum air bhòrd loma,
Dol seach a chèile mar ghoireadh am fonn,
Ach dh' fhalbh sid uile mar bhruadar,
No bristeadh builgein air uachdar nan tonn.

A Righ! gur cianail mo smaointean,
Ri linn do t-àrois bhi faontrach, gun mhùirn !
Sguir a chúilm 's an ceol gàire,
Chaidh meodhail ghreadhnach a's mànran o'r cùl:
Chinn an talla fuar fàsail ;
'S è chuir mullach na fardoich 'na smùr,
Ceann na dìdinn, 's na rìaghailt,
A bhi sa chodal throm shiorruidh nach dùisg !

Do bhanntrach bhochd mar eun tiamhuidh,
Ri truagh-thùrsa, 'sa sgiathan mu h-àl ;
A neadan creachta, 's i dòineach,
Mu gaol a sholair an lòn doibh gach tràth :
O'n dh'imich Fìr-eun na h-ealtainn,
Tha'n t-searbh-dhìle 'tighinn thart as gach àird!
A Righ nan Aingeal ! bi d' dhìon doibh,
'S tionndaidh ascaoin na sìne gu tlàths.

'S ioma sùil ata silteach,
A thaobh Uigh nam fear glic gun bhi buan :
Tha mìltean ùrnuigh ga d' leanailt,
Le mìltean dùrachd, a's beannachd gu t-uaigh ;
A liuthad diùlannach ainnis,
A dh' àrduich t-ionnsachadh ainneamh gu h-uaill ;
'S gach la bhios càirdeas air faoineachd,
A Bheattie chliùitich ! bi'dh cuimhn' air do luach.

Rinn t-èug sinn uile gun sòlas,
Tha teach nàn innleachd, 's an òigridh fo phràmh ;
Chaidh Albainn buileach gu èislean,
Sgur na Ceòlraidhean Grèugach de'n dan :
Thainig dall-bhrat nn h-oidhch' oirn,
O'n chaidh Lochrann na soillse na smàl :
B' è sid an crith-readhadh cèitein
A mhill am fochann bu cheutaiche bàrr !

L 3

Bu tu craobh abhull a ghàrraidh,
A chaoidh cha chinnich ni's àillidh fo'n ghrèin!
Dealt an t-sàmhruidh mu blàthaibh,
Lùisreadh dhuilleag air chràchdaibh, a geug:
Ach thilg dubh-dhoireann a gheamhruidh,
A bheithir theinndi le srann as an spèur;
Thuit an Gallan ùr riomhach,
'S uile mhaise ghrad-chrìon air an fheur!

A Thì tha stiuradh na cruinne!
'S tu leig d'ar n-ionnsuidh am buille bha cruaidh!
Sinne chaill an t-sàr Ulaidh,
Neònad prìseil nan iomadai buaidh!—
Dh' fhalbh a chombaisd, 's na siùil oirn,
Ghaidh an gaisreadh 's an fhiùbhai 'n am bruan,
Gach creag na cunnart do'n fhiùraich,
O laidh an duibhr' air *Rèull-iùil* an taobh Tuath.

Och nan och, mar a ta mi!
Mo chridhe 'n impis bhi sgàinde le bròn!
Tha 'n caraid-cùirt' an dèigh m' fhàgail,
A sheasadh dùrachdach d'an air mo chòir:
Bi'dh sid am chliabh 'na bheum cnàmhain,
Gus an uair anns an tàr mi fo'n fhòid;
Ach 's glic an *t-Aon* a thug cìs dhinn,
'Sda òrdugh naomh bitheamaid strìochdta gach ló.

ORAIN GHAOIL *Agus Luinneagan,*

ORAN *a rinn té ga leannan, nuair a bha eagal orra gum pòsadh e bean uasal.*

Horo Iain taobh rium fhin,
  'Sna bi stri ri amaideachd,
Feumaidh mnathan uaisle tì,
  'Sgoirt an cinn mar fhaigh iad i.

Tiunndaidh rium a's leugh a chòir,
  Tha mise deonach teannadh ruit,
M'as olc no math gam bi mo dhòigh
  Cha chluinn na h-eolaich gearan uam.
    Horo Iain taobh, &c.

Cha'n iarr mi siùcar no Tì
  Sròl no sìod a cheannach dhomh,
'Si obair mo dha laimhe fhin
  Is cinnticheadh mi leanailt rium,
    Horo Iain taobh, &c.

Gabh thusa Iain a mhuir làn,
  Mar phàtaran s' cha'n aireach dhiut,
Ge be co fhad sa theid i 'n àird
  Gum faic thu tràigh an ealachd ann.
    Horo Iain taobh, &c.

Sin mar bhitheas luchd na stràichd,
  Le'n curaichdean ard s'le'n cailleaguth,

Ni 'm pòsadh bochd an toirt gu làr,
  Mar shneachdadh bàn na gaillinne.
   Horo Iain taobh, &c.

An riòmhath cheannaicheas iad gu daor,
  An saoghal bheir e'n car asda,
Bith gùn a's gùn gan cuir mu sgaoil,
  Gu h-aodach do na caileagaibh.
   Horo Iain taobh, &c.

'Nuair theid iad amach gu fèill,
  Gur gann dhiut te dhiubh aineachadh,
Gun searg iad mar ni ròs na gèig,
  Ri teas na grein a dh'fhannaicheàs.
   Horo Iain taobh, &c.

An uailse bhochd gùn chas gun làmh,
  Tha 'n dàn mar dh'fhàg an sean fhacall,
Cha chuir e salunn air a chàl,
  Bi t-fhaicill tra' mun lean i riut.
   Horo Iain taobh, &c.

An uailse, bhochdainn, a's an spòrs,
  Nan triuir a chòir na h-amaideachd,
Ma gheibh a cheathrar ud ort còir
  Gur mairg bean òg o leanas riut,
   Horo Iain taobh, &c.

'Nuair thig am bothan le chraos cam,
  Am màl, 'sa chlann, 'sa 'n ceannach ort,
Bu taitneach dhiut a bhean 'san àm sin
  'Thairneadh ceann an amuill dhiut.
   Horo Iain taobh, &c.

Bu mhath do bhean a bhi gun spòrs,
  Gun mhoit na pròis na eallach orr',

Ma bhitheas an t-airgiod pailt na pòchd
 Tha h-uile glòir a leanailt ris.
  Horo Iain taobh, &c.

An deise mharcachd gun an t-each,
 Co àrd nam beachd 's co amaideach,
Cha'n ioghnadh cogadh agus plàigh
 Bhi anns gach àit' an tachair iad.
  Horo Iain taobh, &c.

Na rufles gun sgillinn 'sa phòchd,
 Na brògan 's linndigh anairt annt,
Toirt iasad a sgiath gach eòin,
 Se 'n doigh 'am faod thu 'm faineachadh.
  Horo Iain taobh, &c.

Tha 'n draighin donn ann as na h-eoin,
 An iolair mhor 'san ealadh ann,
Tha'n sgiathan fein a reir gach seors
 A leum san doigh am math dhoibh iad.
  Horo Iain taobh, &c.

Tha diubhair eadar rèull a's reull,
 Co àrd 'san speur ra aithneachadh :
Tha tàlandan an t-sluaigh gu leir,
 Air leith fo cheil a dealachadh.
  Horo Iain taobh, &c.

Tha thus a's mise reir a chéil',
 Air 'n òr air spreidh 's air seanairean,
'S mu gheibh mi each gu ruith na rèis
 Cho chruaidh riut fein gun lean mi ris.
  Horo Iain taobh, &c.

Do'n uaisle cha d'thugainn beum,
 Na h-àite fein, 's cha teannainn ris,

Cha chliu 's cha ghliocas dh'fhear gun spreidh
'Bhi foirneadh té a dh'aindeoin diu.
Horo Iain taobh, &c.

Horo Iain taobh rium fhin
'Sna bi stri ri amaideachd,
Feùmaidh mnathan uaisle tì,
'Sgur goirt an cinn mar fhaigh iad i.

———

Do AILEAN CAMSHRON: *Iner-sgathadail le*
S. SHAW.

So deoch slainte ghae'il ghasta
Choisinn cliu air thùs nan gallan,
Lamh a ni na crùin a sgapadh
'S nach bi airsneulach gan dìoladh.

DH' innsinn air thoiseach an òrain
Fineadh an Fhiurain gun fhòtus,
Cam'shronaich o bhun na Mòr-thir
'S o Lochaidh an òilte fìon.
So deoch slainte, &c.

'S ioma meangan a tha lùbadh,
'S a' dìreadh mu ghuaillnibh an Fhiùrain,
Bi'dh na Camshronaich air thùs ann,
A's Domhnullaich nach diùltadh stri.
So deoch, &c.

'S beag an t-ìoghnadh sud a thachairt,
  Ga nach tionnda thu le gealltachd,
'S fuil nan Stiùbhardach o'n Apuin
  'Bualadh bras cuir reachd mu d' chrì.
    So deoch, &c.

Do na h-Uaislean tha thu càirdeach,
  Cha'n ann gan iomall a dh'fhàs thu,
Eadar Ardghobhar 's Cinnghearloch
  Far an àird am fàs a choill.
    So deoch, &c.

'S beag an t-ìoghnadh i bhi èibhinn,
  Ga b' è tè a gheibh dhi fhein thu,
Cridhe fialuidh 'n còm na céille
  Nach cuir èislein orr 'a chaoidh.
    So deoch, &c.

Damhsair thu air ùrlar clàraidh,
  Cho math 's a tha measg nan Gaidheal;
Cha mhios thu'd sgiopair air Bàta,
Ga toirt sàbhailte gu tìr.
    So deoch, &c.

Dà shùil mheallach ann a' d' aodunn,
  Aghaidh mhaiseach, thlachd'or aobhach,
Slios mar Ealaidh bhàin nan Caoiltin,
'Shnamhadh eatrom air an tuinn.
    So deoch, &c.

'S ioma Talladh a's Tigh-tàirne,
  Am bi iad a'g òl do dheoch slainte,
'S sgoileir thu 'sgriobhas gu sàr-mhath;
  Dròbhar àrd air a chrodh labigh.
    So deoch, &c.

'S ioma Baintighearn le cuid stòrais,
  A bhiodh tòileach air do phòsadh,
Le fàinneachan air am meoraibh,
  Le 'n gùnndaichinn sròil a's sìod.
    So deoch, &c.

Dh' èireadh tu moch maduinn chèitein,
  Bhiodh damh nan cabar fo èislein ;
Cha'n'eil fios aig neach fo 'n ghrèin so,
  Ciod an ceudfath tha ga d' dhì.
    So deoch, &c.

'S beag an t-ìoghnadh thu bhi ainmeil,
  'S tu 'n fhuil rioghail mhùirnich, mheamnaich,
Tha thu do'n Fhine neo-chearbach,
  Gallain ris an earbda 'n Rìgh.
    So deoch, &c.

LUINNEAG.

A' nighean donn an t-sùgraidh,
  Mo chaileag laoghach, shunndach,
A nighean donn an t-sùgraidh,
  Gun sùilainnse air m'aineal leat.

Gur h-ann oi'ch Fhillbride,
  A bhruadair mi os n-ìosal ;
'S 'nuair thionndai mi gu briodal,
  Cha d' fhuair mi fhìn ach faileas diot.
    A nighean donn, &c.

A cheud dìluain do'n ràidhe,
  Ghabh mi móràn gràidh ort,
Gu'm fàgainnse mo chàirdean,
  'S air sàile rachainn thairis leat.
    A nighean, &c.

Tha t-fholt a sios mud' ghuaillibh,
  Mar an t-òr, na dhualaibh;
'S math thig sìoda luachmhor
  Mu ghuaillibh na h-Ainnire.
    A nighean, &c.

Do ghruaidhibh mar na ròsan,
  Do bhràidhe mar an neònain,
An gaol a thug mi òg dhuit,
  Cha bhi mi beo mar faigh mi thu.
    A nighean, &c.

Do phòg air bhlas nam fioguis,
  Do dheud cho gheal 's an ibhri;
'S lionar fear tha'n tì ort,
  'S gu dilinn nach fhaigh iad thu.
    A nighean, &c.

Gur i mo ghaols' an òg-bhean
  Troigh shocair am bròig chòmhnaird
Gum faighinns' as a pòcadh
  Na chumadh òl gu latha ruinn.
    A nighean, &c.

Cha 'n è meud do stòrais,
  A chuir mi fhìn an tòir ort,
An gaol a thug mi òg dhuit,
  'N uair a bha mi gòrrach amaideach.
    A nighean, &c.

M

Ga bu leam do stòras,
   Na bheil san Fhràing 's an Olaind,
Gum b' fhearr leam bhi riut pòsda
   Na òr an Rìgh ga d' fhaighinn e.
     A nighean, &c.

'S mise tha fo éislein,
   Gach latha mi èiridh,
A' cuimhneachadh air m' èucaig,
   A's Mac-a-ghèill a' luidhe leath.
     A nighean, &c.

LUINNEAG.

'S è luath-bheul na h-igheana duibh
   Chuir gruaim air mo leannan rium,
Tha m' fhuaths' air an nighinn duibh,
   Nach urrainn mi ga àicheadh.

Gun d' thug mi cion do'n Chìopair,
   Do ghaol a thug do'n tir mi,
Gur mis' a tha fo mhi ghean,
   Ma dhìobair thu cho trà mi.
     'S è luath-bheul, &c.

Do ghruaidhean mar an caorrann
   Do shlios cho gheal san fhaoilean,
Dà shùil ghorm a t' aodunn
   Do mhala chaol a chràidh mi.
     'S è luath-bheul, &c.

Calp' an t-siubhail bhòidhich,
   Troigh shocair 'am bròig chòmhnaird;
Mar u faigh mi còir ort,
   Cha bheo mi gu Feill-màrtuinn.
     'S è luath-bheul, &c.

'S è mo ghaol an t-òig-fhear
   Is deise thèid 'an òrdugh;
Gur mise th' air mo leònadh,
   O'n sheol thu uainn air sàile.
     'S è luath-bheul, &c.

'S ann aig taobh na dìge,
   A shuidh mi leat a bhrìodal;
'S bu toilichte bha 'm inntinn,
   Na sgriobhadh air na h-àrduibh.
     'S è luath-bheul, &c.

Dh' fhalbh mo leannan bòidheach,
   Ann bliadhn' a dh'arm Righ Deorsa,
'S cinnteach mi th' air mhòran,
   Gun còird thu ris a-Mhàidseir.
     'S è luath-bheul, &c.

Gur mise tha gu brònach,
   'S mi m' shuidh air cnoc am aonar
'S mi 'n so a' deanamh orain,
   Do'n Oig-fhear tha mi 'n gràdh air.
     'S è luath-bheul, &c.

Gur è mo ghaol an t-uasal
   A dhìreas ris a chruachan,
Do ghunnadh air do ghualainn
   'S an Eilid ruadh fo phràmh ann.
         M 2

ORAN GAOIL ro-thaitneach.

O Iain a Gleanncuaich,
  Fear do choltais cha dual da fàs;
Do chùl bachlach nan dual,
  Air a phleatadh 'an cuaich gu làr;
Thoir an t-soraidh so uam
  A dh'fhios an fhleasgaich is uaisle dreach,
A dh' fhàg tacaid am thaobh,
  Chuir saighead an aoig fo m' chrios.
    Thoir an t-soraidh, &c.

'S math thig sud air mo rùn,
  Boineid bhallach is dù-ghuirm neul,
'S dos do'n t-sìoda 'na cùl,
  Air a chàramh gu h-ùr o'n t-snàthaid,
Marri còta cho daor,
  Do'n bhreacan is craobh-dheirg neul;
Air faithir an Righ,
  Bu briagha leam fhìn an Gàidheal.
    Marri còta cho daor, &c.

O Iain a ghaoil,
  C' om 'n dò leig thu mi faoin air cùl,
Gun chuimhn air a ghaol,
  A bh' aguinn araon o thùs;
'S nach d' thug mise riamh spèis,
  Do neach tha fo'n ghrèin ach thu;
'S cha d' thoir a' d' dhèigh,
  Gus an càirear mi rè san ùir.
    'S nach d' thug, &c.

Do phearsa dheas ghrinn,
    Dan d' thug mise luaidh th' air chàch,
Cha 'n 'eil coir' ort; air chinnt',
    O mhullach do chinn gu d' shàil,
'S ioma maighdeann deas òg,
    Thig le furan ad chòir air sràid,
Ge d' tha m' fhortan co cruaidh,
    'S gun d' thug mi dhuit luaidh th' air chàch.
        'S ioma maighdeann, &c.

Trian do d' chliu,
    Cha chuirinn a rùin 'an cèill,
Gun eòlas as ùr,
    'S gùm fiosraichinn thu ni b' fhearr;
Gum b' è miann mo shùl,
    Bhi 'coimhead gu dlù ad dhèigh,
'S gum b' aithrigh mo rùn,
    Air Ban-oighre a Chrùin ad sgèith.
        Gum b' è miann, &c.

Bha mi uair 's cha do shaoil,
    Gum bithinn co faoin diom fhein,
'S gun tugainn mo ghaol,
    Do dh' fhear a shealladh co caol am dhèigh,
'S è is beus do gach aon,
    Do mhnathan an t-saoghail gu leir;
Bhi gam mealladh araon,
    Le sgialachdan faoin o' d' bheul.
        'S e is beus do, &c.

Cha b' è 'n doire nach b' fhiù,
    As 'n do chinn am fiuran àrd;
Ach a choille thiugh, dhlùth,
    Bhiodh a lùbadh a nunn gu làr;

M 3

Far am bi 'n t-abhull fo bhlàth,
 'S a ghàrradh am bi na seoid;
Cha'n è crìonach nan crann
Gan do chròm mi mo cheann cò mòr.
  Far am bi 'n t-abháll, &c.

O Iain a luaidh
 Nach truagh leat mise mar tha,
A liuthad latha agus uair,
 Chuir tha'n cèill domh gur buan do ghràdh;
Ach ma rinn mi ni suarrach,
 'S gun do choisinn mi t-fhuath no t-fhearg,
So mo bheannachd ad dhèigh,
 'S fiach an gleidh thu dhuit tè ni's fearr.
  Ach ma rinn, &c.

An cuimhne leatsa 'n uair bha,
 Sinn annsan àth linn fhein;
Cha deanadh tu m' àicheadh,
 Nam bithinn san àm ad rèir;
C'om am bi mi fo ghruaim
 Gad tha mi san uair leam fhein;
Man chaoirich bhi slan,
 'Sam mada bhi làn na dèigh.
  C'om am bi mi, &c.

'S c'om am bi mi fo bhròn,
 'S gur ioma gill' òg tha'm rèir,
Nach cùnntadh an t-òr,
 Dhol a cheannach mo bhròg air féill;
Imich thusa mar' s àill,
 Dh'fhios na tè ga bheil gràdh agad fhein,
'S mas mis' tha san dàn,
 Cha d'thèid ise gu brath fo brèid.
  Imich thusa, &c.

'S ann a tha mo luaidh
  Annsan fhireach a'cuallach sprèidh,
Cha'n è sud dùchas bu dual,
  Dod' shinnsir, mar fhuair mi sgeul,
Ach bhi'n ceàrdaich a ghuail,
  A'g èisdeachd ri fuaim nan òrd,
B'e sid dùchas mo luaidh,
  'Scha b'è aithris air cuallach bhò.
   Ach bhi'n ceardaich, &c.

ORAN *Gaoil, do mhaighdinn àraid.*

A nighean donn na buaile,
  Gam bheil an gluasad farusda :
Gu'n tug mi gaol co buan duit,
  'S nach gluais è air an Earrach so ;
Mheall thu mi le d' shùgradh,
  Le d' bhrìodal', a's le d' chiùine,
A's lub thu mi mar fhiuran,
  'S cha dùchas domh bhi fallain uaith.

Do chul donn daite an ordugh,
  Gu bachlach, boidheach, camagach :
T-aghaidh hlathail, chomhnard,
  Mar ite'n eoin do mhalaidhean ;
Do shuil chorrach mhiogach,
  Rosg glan a' cumail dion orr,

5

Do ghruaidhean meachair, mine,
   'S do phog mar fhiogais mheanganan.

Mar reull a measg an't-sluaigh thu,
   Nam gluasad a chum tionalaidh;
Cha tuga Bhenus buaidh ort,
   'S ard thug do shnuadhsa barrachd orr;
Chit' am fion a' dealradh,
   Ann àm dol sios tre d' bhràghad;
Gur math thig sìod' an càramh,
   Mu mhuineal ban na h-ainnire.

Do sheang chorp fallain sunntach,
   Nach do chiurr an an-shocair;
'Nuair racha tu air ùrlar,
   Bu luth'or ann sna caraibh thu;
Le d' chalpannan deas boidheach,
   Cruinn, cumadail, neo-lodail,
Troigh chruinn ann am broig chomhnaird,
   Nach toir air feornain caruchadh.

Do bheul o'm binn thig òrain,
   Ceòl, agus ceilearan;
Gur binne leam da chòra,
   Na smeorach air na meanganan;
O'n chuir mi'n tùs ort eolas,
   Gun tug mi gaol cho mor dhuit,
'Smar faigh mi thu ri phosadh,
   Gun cuir do bhron fo'n talamh mi.

Nam b'è 's gum biodh tu deonach,
   'S gum posamaid an ath-ghoirid
Cha'n iarrain leat do storas
   Ach còmhdacha na banaraich;
Ge b' leamsa an Roinn Eorpa,
   'S America le mhor-shluagh,

Nam faighinn domh feìn coir ort,
  Bu leat gach stòr, 's gach fearann diu.

A Ghaoil na creid droch sgeul orm,
  Ge d' robh luchd bhreug. a labhairt riut :
Tha m'inntinnse co reidh dhiut,
  'S nach bi aon sènd 'an an-fhios duit ;
Ge d' their iad riut le bòilich,
  Gur beag leo mo chuid stòrais,
A chaoi cha chùram lòin duit,
  ' San righ cuir seol air aran duinn.

―――

ORAN *gaoil.*

LUINNEAG.

Mo nighean dubh, tha boidheach dubh,
  Mo nighean dubh, na trèig mi ;
  Ge d' theireadh cach gu bheil thu dubh,
    'S co geal 'san gruth leam fhein thu.

Moch la Coille ann sa mhaduinn,
  Air mo leabai, 's mi gun eirigh,
Gum facas òigh 'an taice rium,
  'Sa gnuis ro dhreach'or, ceutach.
    Mo nighean, &c.

Cha'n urra mi gun labhairt ort,
  Gus do mhaise leughadh,
Di-dònaich dol do'n Chlachan,
  Bean do dhreach cha leir dhomh.
    Mo nighean, &c.

Thig stocai gheal air raogha dealbha,
  Air do chalpa gle gheal,
Brogan barr-chumhunn, 's bucaill airgid,
  Oigh air dhealbh na grein thu.
    Mo nighean, &c.

Do chom meanbh-gheal, mar thonn gailbheach,
  Air fonn gain'ich ag eiridh,
Mar tharr-geal bric iasg na fairge,
  Tha do dhealbh, a's t-eug'as.
    Mo nighean, &c.

Do shlios fallain mar shneachd bheannaibh,
  Thig o smal na speuran,
Mar fhaoilean mara ri la gaillinn,
  Air chuan mara 'g eiridh.
    Mo nighean, &c.

'S math thig gùn san fhasun duit,
  Co math 's a tha'n Duneidin,
Mu d' mheadhon caol ga theannacha,
  'Sa chamhanaich 's tu 'g eiridh.
    Mo nighean, &c.

Thig brad sioda chosdas *guinea*,
  Mu do chìchean gle gheal,
'Sè dh'fhag m' inntinnse fo mhi-ghèan,
  Nach d' fhaod mi bhi reidh riut.
    Mo nighean, &c.

Thig plasg òmair air t-uchd boidheach,
  Ann an ordugh gle mhath,
'Sè gaol do phòig a rinn mo leon,
  'S a dh'fhag mi beo gun speirid.
    Mo nighean, &c.

Do shuilean mar na dearcagan,
  Do ghruaidh air dhath na ceire,
Cul do chinn air dhreach an fhithich,
  'Se rùn mo chridhe fein thu.
    Mo nighean, &c.

Suil chorrach ghorm fo d' chaoil mhala,
  O'n tig an sealladh eibhinn,
Mar dhealt camhanaich san Earrach,
  'S mar dhruchd meala Cheitein.
    Mo nighean, &c.

Tha falt dubh, dualach, trom, nio-luai'te,
  An ceangal sguaib air m' Eachdaig,
Gur boidheach e mu d' chluasaibh,
  'S cha mheas' an cuailein breid e.
    Mo nighean, &c.

Cha deàn mi tuille molaidh ort,
  O 's tu mo rogha ceilidh,
'S ann ort a tha'n cùl faineagach,
  Mar sud 's am bràighe gle gheal.
    Mo nighean, &c.

'S olc a riunn do chairdean orm,
  'S gun d' rinn iad pairt ort fein deth,
Nuair chuir iad as an dùthaich thu,
  'S mi'n duil gun deanain feum dhuit.
    Mo nighean, &c.

'S ge nach deanain fidhealaireachd,
  Gun deanain sgriobha, 's leughadh,
'S air nàile dheanain searmain duit,
  Nach talacha neach fo'n ghrein orr.
    Mo nighean, &c.

━━━━━

MOLADH AN UISGE-BHEATHA

le *Uilleam Ross.*

LUINNEAG.

Hò rò gur toigh leinn drama.
  Hò rò gur toigh leinn drama
Hó rò gur toigh leinn drama,
  'S ioma fear tha'n geall air.

Mo ghaol an coilgearnach spraiceil,
  Dh'fhàs gu foirmeil, meamnach, maiseach,
Dh'fhàs gu speiseil, treubhach, tapai,
  Neo-lapach san a...hreit.
    Hò rò, &c.

Ach tròcair g'an d'fhuair a chailleach,
  Bha uair-eigin ann sna Hearadh,
Cha mheasa ni mi do mholadh,
  Ge do lean mi 'm fonn aic.
    Hò rò, &c,

Thagh i'm fonn so, 's sheinn i cliu dhuit,
 Dh' aithnich i'n sgoinn a bh' ann san druthaig,
'Nuair a bhiodh a broinn san rupail,
 B'è rùn thu bhi teann'oirre.
  Hò rò &c.

Ach 'stu 'm fear briodalach, sùgach,
 Chuireadh ar mi-ghean air chùl duinn,
'Sa chuireadh teas oirn san dùlachd,
 'Nuair bu ghnù an geamhradh.
  Hò rò, &c.

Stuth glan na Toiseachd gun truailleadh,
 Gur ioc-shlaint choir am bheil buaidh è;
'S tu thogadh m' inntinn gu suairceas,
 'S cha b'è druaip na *Frainge.*
  Hò rò, &c.

'S tu'n gill' eibhinn, meanmnach, boidheach,
 Chuireadh na cailleachan gu bòilich,
Bheireadh seanachas as na h-òighean,
 'Air ro-mhoid am baindeachd.
  Hò rò, &c.

Chuireadh tu uails' anns a bha'laoch,
 Sparradh tu uaill ann san arrachd,
Dh' fhàgadh tu co suairc fear dreamach,
 'S nach biodh air' air drandan.
  Hò rò, &c.

Stu mo laochan soitheamh, siobhalt,
 Cha bhi loinn ach far am bi thù,
Fògrai tu air falbh gach mi-ghean,
 'S bheir thu sìth a aimhreit,
  Hò rò, &c.

       N

'S mor tha thlachd air do luchd-thòrachd,
   Bithidh iad fialai pailt m'an stòras,
Chaoi cha sgrubair 's an tigh-osd iad,
   Sgapadh òir 'na dheann leo.
      Hò rò, &c.

Cha'n 'eil cleireach, no pears Eaglais,
   Cràbhach, Teallsanach, no Sagart,
Dha nach toir thu caochladh aigne,
   Sparra cèill san aumhlair.
      Hò rò, &c.

Cha'n 'eil cleasaich anns an rioghachd,
   Dha 'm bu leasa dol a strì riut,
Dh'fhaga tu e-san na shineadh,
   'S pìoban as gach ceann deth.
      Hò rò, &c.

Dh'fhagadh tu fear mosach fialaidh,
   Dheana tu fear tosdach briathrach,
Chuire tu sog air fear cianail,
   Le d' shoghraidhean greannar.
      Hò rò, &c.

Dh'fhaga tu co slan fear bachdach,
   'S è gun ich, gun oich, gun acain,
'G eiridh le sunnt air a leth-chois,
   Gu spailpeil a dhambsa.
      Hò rò, &c.

Chuire tu bodaich gu beadradh,
   'S na crumaichean sgrogach, sgreagach,
Gu eiridh gu frogail, sa cheigeis,
   Sgeig air an t-sean aois.
      Hò rò, &c.

Bu tu suiricheadh mo rùin-sa,
 Ge d' thuirt na mnathan nach b' fhiu thu,
'Nuair a thàchaireas tu sa chuil riu,
 Bheir thu cùis gun taing dhíu.
  Hò rò, &c,

Bu tu caraid an fhir-fhacail.
 Bheireadh fuasgla dha gu tapaidh,
Ge nach òl e dhiòt ach cairteal,
 'S blasdmhoirid a chainnt e.
  Hò rò, &c.

Tha cho liutha buaidh air fàs ort,
 'S gu la luain nach faod mi'n aircamh,
Ach 'se sgaoil do chliu sgach àite,
 Na Baird a bhi'n geall ort.
  Hò rò, &c.

Ach thogadh ort nach b'fheairde mis' thu,
 Gun ghoid thu mo chuid gun fhios uam;
Ach gun taing do lùchd do mhiosguinn,
 Cha chreid mise drannd dheth.
  Hò rò, &c.

Ach bha mi uair, 's bu lùachmhor t-fheum dhomh
 Ge nach tuig mal-shluagh gun chèill e,
Dum amabam, sed quid refert,
 Na ghràisg, *quæ amanda.*
  Hò rò, &c.

MOLDADH *na h-oigh Gaelich, leis a Bhard cheudna.*

A NIGHEAN bhoidheach
An òr-fhuilt bhachalaich,
Nan gorm-shuil miogach,
'S na min bhás sneachda-gheal,
Gu'n siubh'lain reithleach,
A's sleibhtean Bhreatain leat,
Fo earradh sgaoilte
De dh'aodach breacain orm.

'S e sud an t-aodach
Ri 'n eireadh m'aigne-sa,
'S mo nighean ghaelach,
Aluinn agam ann;
O bheul na h-oiche
Gu soills' na madaine,
Gu'm b'ait nar sùgradh
Gun dùiseal cadail oirn.

Ged tha na bain-tighearnan
Gallda fasanta,
Thug oigh na gaelic
Barr am mais' orra,
Gur ainnir shoigh i
Gun scoid re dearc oirre,
Na h earradh gle-mhaith
De dh'aodach breacanach.

Gur foinnidh, mileanta,
Direach, dreach mhor i,

'S cha lùb am feornain
Fo broig, 'nuair shaltras i,
Tha deirge, a's gile
Co-mhire gleachdanaich,
Na gnuis ghil èibhinn,
Rinn ceudan airtneulach.

Reidh dheud chòmhnard
An ordugh innealta,
Fo bhilibh sàr-dhaitht',
Air bhlath *bhermillian,*
Tha h-aghaidh nàrach
Co làn de chinealtachd,
'S gun tug a h-aogasg
Gach aon an ciomachas.

Gur binne còradh
Na òraid fhileanta,
Tha guth ni's ceolmhoir'
Na oigh-cheol bhinn-fhoclach,
Cha luidheadh bròn oirn,
Na leòn, na-iomadan,
Ri faighinn sgeùl duinn
O bheul na fine sin.

'Nuair thig a Bhealtainn,
'S an Samhradh lusanach,
Bithidh sinn air àiridh
Air aird nan uchdahan,
Bithidh cruit nan gleanntaibh
Gu cartair, cuirteasach,
Gu tric gar dùsgadh
Le sùrd gu moch-eirigh.

N 2

'S bithidh 'n crodh, 's na caoraich
San fhraoch ag inealtradh,
'S na gobh raibh bailg-fhionn,
Gu ball-bhreac, bior-shuileach,
Bithidh 'n t-àl san leimnich
Gun cheill, gun chion orra,
Ri gleachd, 's ri còmhrag
'S a snòtadh bhileagan.

Bithidh mise, a's Mari
Gach la sna glacagan,
Nan doire gcugach
Nan eunan breac-iteach,
Bithidh cuach, a's smeorach,
Ri ceol 's ri caiseamachd,
'S a gabhail orain
Le scornain bhlasda dhuinn.

———

LUINNEAG.

Horin o irim h-ogu !
Horin o h-iri u !

Tha'n dìle air an athar,
Uisge reamhar, trom, dlùth.
Horin o, &c.

Tha ghaoth air an uinneig
Leam is duilich an turn.
Horin o, &c.

Tha'n soirbheas air caochladh,
  'An aodan mo rùin.
    Horin o, &c.

Gad a bhiodh i na b' àirde
  Bhiodh mo ghràdh air an Stiùir.
    Horin o, &c.

'Stu b' urrainn ga tearnadh
  Air sàil' no air bùrn.
    Horin o, &c.

Gad a bhitheadh an linngidh
  Air mhire 'na smùid.
    Horin o, &c.

Gad a bhitheadh mo chinneadh
  Ga pilleadh a nunn.
    Horin o, &c.

Fhir bhig nan sùl donna,
  Cha choma leam thu.
    Horin o, &c.

Aghaidh shoilleir an sgàthan
  'Stu m' àilleagan sùl.
    Horin o, &c.

Dhaininn thu tighinn
  Air dhithis no thriuir.
    Horin a, &c.

Air chòignear no sheisear
  Air dheichnear 'sè 's mò.
    Horin o, &c.

Gun càirinn do leabadh
  'Sgun gleidhinn duit rùm.
    Horin o, &c.

Gum fosglainn an dorus
  'Sgun caisginn an cù.
    Horin o, &c.

Ach fhir nan sùl daithte,
  'Stu mo thasgaidh 's mo rùn,
    Horin o, &c.

———

DUANAG *Oil le Duin uasal araid.*

LUINNEAG.

O faigh a nall an t-searrag,
  E thugar dhuinn an drama,
'S gur e dh'fhogradh as ar'n aire,
  Gach ascall Earraich, a's gach teinn.

O'N a thuit duinn bhi 's tigh osda,
  Bitheamid criodhail, togar ceol leinn,
Cha dean crìne bheag, a's dolum,
  Fuath nan daoine còire chaoidh.
    O faigh a nall, &c.

'S ioma bodach giugach, toiceal,
  De chrodh, de chaoraich, 's de chapuill,
'S cridhe fial, fiughantach, farsaing,
  Le aimbeart, 's le draip ga chlaoidh.
    O faigh a nall, &c.

Ged tha cuid am beachd gur faoin mi,
  'S mis' am fear gu brath, a shaoileas,
Gur fearr flath, furanach, faoilidh,
  Na daormun a thaisgeas na buinn.
    O faigh a nall, &c.

'S mairg bheir geill do'n t-Saoghal shalach,
  Air na daoine còire 's olc d'aithne,
Bheir thu ni do'n daoi nach airidh,
  'S fagaidh tu falamh an saoi.
    O faigh a nall, &c.

Ma sheallas sibh air dol an t-Saoghail,
  Chi sibh na dheannaibh e daonnan,
Fear ga mhalairt, 's fear ga sgaoileadh,
  'S fear a cuir na d'fhaodas cruinn.
    O faigh a nall, &c.

Fear a carnadh òir na mheallaibh,
  'S fear eile 'g ol a 'stigh liunna,
Fear làn sòlais, fear làn aith-mheil,
  Fear làn arraid, 's fear a caoidh.
    O faigh a nall, &c.

'S ioma fear bha 'n dè làn aiteis
  An spreidh, 's an cuinneadh teachd tharta,
Iad an diugh gun luaidh air macnas,
  Dh'fhuadaicheadh am beartas le gaoith.
    O faigh a nall, &c.

Feuch nach mairg a bhiodh dh'aon bheart,
　Le crìne tional na d'fhaodas;
C'uim, nach caith sinn an Saoghal,
　A's gu'n caith an Saoghal sinn,
　　O faigh a nall, &c.

Cha'n eil stà bhi caoidh na chailleadh,
　Bàthamaid sa bhòl gach smàlan,
Dh'aindeoin ceannachd 's ascall Earraich,
　Curam sparramaid do'n Chill.
　　O faigh a nall, &c.

───────

ORAN *a rinn té ga leannan.*

Tha mi trom, duilich, trom, airsneulach, cianail;
Tha mi trom, duilich, trom, cha tog m' inntinn leam
*　fonn;*
Tha mo chridh air fàs trom, 's fhada o'n tiom sin.

Tha mo chion air mo leannan,
　Lùb ùr a chùil chlannaich;
Cha leig mi as m' air' thu
　Fhad 's a dh' fhanas mi 's tìr so.
　　Tha mi trom, &c.

Tha mo chion air an Taill'ear
　Lamh dh' fhuaigheal na sgàrlaid,
Gheibhinn codal, a 's tàmh leat,
　'S mo lamh fo d' chùl snìomhain.
　　Tha mi trom, &c.

Bu tu sgiobair na fairge
  Cas a shiubhal a gharbhlaich,
Ann am frìdh nan damh dearga,
  Bu tu seal gir na sìthne.
    Tha mi trom, &c.

Tha mo ghaol air mo leannan,
  Ris an can iad mac-Ailein,
Beul an t-sùgraidh, 's a cheanail,
  Caol-mhala gun mhì-thlachd.
    Tha mi trom, &c.

Gur mis' th' air mo leonadh,
  H-uile là a's di-dòmhnaich,
Theid am pobull an òrdugh,
  'S cha chòird iad ri m' inntinn.
    Tha mi trom, &c.

Gur mis' th' air mo chiùrradh,
  'Nàm caduil, a's dùsgaidh,
S mòr gum b' fhearr a bhi'm Mùideart,
  Am bun cùirn, gun mo dhinnèir.
    Tha mi trom, &c.

'S mòr m' eagull a Dhòmhnuill,
  Gun casar an tòir ort;
Gum bi mis' a'd' dhéigh brònach,
  'S tus' air fò'gradh 's na h-Innsibh,
    Tha mi trom, &c.

Bha mi 'n làthair do chòrdaidh,
  Agus bòidean do phòsaidh;
'S cha robh agam do shòlas
  Ach bròn gun toil-inntinn,
    Tha mi trom, &c.

Bha mi 'n raoir air do bhanais,
'S bi'dh mi 'nochd aig a bhaile,
Tha fear eile 'gam fharraid
Leis nach math mi bhi dhìth air.
Tha mi trom, &c.

Gur mis' th' air mo ghreadadh
H-uile là, agus feasgar ;
O'n a dh' fhalbh thu do dh' Eige
'S mòr m' eagal nach till thu.
Tha mi trom, &c.

EASAN GA FREAGRADH.

'S tusa rìbhinn is boidhche,
Eadar Uithist, a's Mòr-thir,
'S tha fios aig mac Dhomhnuill,
Ciod an doigh air do chìochaibh.
Tha mi trom, &c.

Gur math thig o'n bhùth dhuit
Dos de riobainibh ùra;
'S ann leam fhin bu mhiann sùl thu,
'S do chùl mar an dìthein.
Tha mi trom, &c.

'S mis' a ghabh an sàr-bheachd air
T-fhalt dualach ga dhreasadh,
'Se mu d' ghuaillibh an cleachdadh,
Air a phleatadh gu rìomhach.
Tha mi trom, &c.

Suil ghorm is glan aogasg,
Tha do ghruaidh mar an caorran,

Cneas is gile nan fhaoileann,
 'S mòr an gaol thug mi fhìn duit.
  Tha mi trom, &c.

'S ann ort fhein a tha mhaise,
 Bean t-eugais cha'n fhaicear,
Beul tana, dearg, daite,
 Deud shnaighte mar dhìsnibh.
  Tha mi trom, &c.

Troigh chruinn am bròig ùir thu,
 Le bucall ga dùnadh,
'S air truimead an driùchda
 Cha lùba tu'm mìllteach.

Tha mi trom, duilich trom,
 Airsneulach, cianail,
Tha mi trom, duilich trom,
 Cha tog m'inntinn leom fonn,
Tha mo chridh air fàs trom,
 'S fhada o'n tiom sin.

O

ORAN *do dhuin-uasal a chaidh a bhàthadh.*

'S daor a cheannaich mi'n t-iasgach,
'S i so bhliadhn a chuir as domh.
    'S daor a cheannaich, &c.

Chaill mi snàmhaich a chaolais
Nach glaodhadh an t-aiseag.
    Chaill mi, &c.

'S ann aig stoc hd bheul an àthain
A bhàthadh an gaisgeach.
    'S ann aig, &c.

Sid a bheart nach do shaoil mi
Ri m' shaoghal gum faicinn.
    Sid a bheairt, &c.

Gun rachadh do bhàthadh
Gu bràth gun chuan farsuing.
    Gun rachdadh, &c.

No gun rachadh do mhilleadh
'S do ghillean thigh'n dachaidh.
    No gun, &c.

Bu tu sgiobair a bhàta
Ged a shàruich muir bhras thu.
    Bu tu, &c.

Tha do bhreacan ùr uasal
Air uachdar an aigein.
   Tha do, &c.

Tha ruidh nan tonn uaine
Mu bhruachaibh do leapach.
   Tha ruidh, &c.

Tha do chuailein donn dualach
Na chuachaibh 's na phreasaibh.
   Tha do, &c.

Sàr bhuachaille bhò thu
'N gleann feoir nan crìoch farsuing.
   Sàr bhuachaille. &c.

Sàr choisiche beinn thu,
Cha bu deireadh airfeachd thu.
   Sàr choisiche, &c.

Tha t-fhiudhall gun ghleusadh,
'S na teudan air lasach,
   Tha t-fhiudhall, &c.

'S moch a ghoireas an ròcas
Di-domhnuich mu d' aitreabh.
   'S moch a ghoireas, &c.

Tha do thigh mòr gun tughadh,
O! 's dubhach leam t-aitreabh.
   Tha do thigh, &c.

Tha do phiuthar gun bhràthair,
'S tha do mhàthair gun mhacan.
   Tha do phiuthair, &c.

Tha do bhean òg gun chéilidh
'S tha mi fhein deth gun dalta.
    Tha do bhean, &c.

—————

A Bhanarach dhonn *le* A. Mac Dhomnuill.

A Bhanarach dhonn a chruidh,
Chaoin a chruidh, dhonn a chruidh,
Cailin deas donn a chruidh,
Cuachag an fhàsaich.

A Bhanarach mhìogach
  'S e do ghaol thug fo chìs mi,
'S math thig lamhainnean sìod'
  Air do mhìn-bhosaibh bàna.
    A Bhanarach dhonn, &c.

'S mòr bu bhinne bhi t-èisteachd
  An àm bhi bleothann na spreidhe,
N'an smeòrach sa Cheitcin
  Am bàr géig ann am fàs-choill.
    A Bhanarach dhonn, &c.

'N uair a sheinne tu coilleag
  A leigeil mairt ann an coillidh,
Dh' èulaidh eunlaith gach doire,
  Dh' eisteachd coireall do mhànrain.
    A Bhanarach dhonn, &c.

'S ga b' fhònnar an fhiudhall,
  'S a teudan an rithidh,
'S e bheireadh damhs air gach cridhe
  Ceol nighinn na h-àiridh.
    A Bhanarach dhonn, &c.

Ceol farusda fior-bhinn,
  Fònnar, farumach, dìonach,
A sheinn an Cailin donn mìogach,
  A bheireadh biogadh air m' àirnibh.
    A Bhanarach dhonn, &c.

Gum bu mhòthar mo bheadradh,
  Teachd do'n bhuailidh mu ead-thrà,
Seadhach seang-chorpach beitir,
  'S buarach greasad an àil aic'.
    A Bhanarach dhonn, &c.

'S ciatach nuallan na gruagaich,
  A' bleothann cruidh ghuaillinn,
A' stealladh bainn ann an cuachaig,
  'S bothar fhuaim aig a clàraibh.
    A Bhanarach dhonn, &c.

Da mhaoth-bhois bu ghrinne
  Fo 'n da ghairdein bu ghile,
'N uair a shìnnt iad gu sgileil
  Gu sinean cruidh fhàsgadh.
    A Bhanarach dhonn, &c.

Glac gheal a b' àird gleodhar,
  A' stealladh bainn' an cuaich bhleothainn,
A' seinn luinneagan seadhach,
  Na suidh an gothal na blàraig.
    A Bhanarach dhonn, &c.

Do chùl amlagach teudach,
  Buchlach feoirneanach ceutach,
De chnothaibh na geige,
  Cheapadh gleiteach a làn diubh.
    A Bhanarach dhonn, &c.

Chuireadh moill air do leirsinn,
  Ann am maduinn chiùin chéitein,
Na gathanna greine
  Thig o t-theud-chùl cas, fainneach.
    A Bhanarach dhonn, &c.

Bheireadh dùlan na greine
  A' dearsa moch air fhoir t-eudainn,
'S gum b' ait leom ra leirsinn
  Baoisgeadh éibhinn cùl Màri.
    A Bhanarach dhonn, &c.

'S taitneach siubhal a cuailein
  Ga chrathadh mu cluasaibh,
A' toirt muigh air seit luachraich
  An tigh buailidh, 'n gleann fàsaich.
    A Bhanarach, &c.

Do mhuineal geal boidheach
  Mu'n iathadh an t-òmar,
'Sa dhath fein air gach seorsa,
  Chìte dòrta tre d' bhràghad.
    A Bhanarach, &c.

'N uair thogadh i bhuarach,
  Cuach, a's currasan na buaile,
B' ao-coltach do ghluasad ri guanag na sraide.
    A Bhanarach, &c.

Do chalpannan meamnach,
  Mar phileirin marabuill,
Co ghile ri caineichean,
  Chinneadh fana-gheal 's na blaraibh.
    A Bhanarach, &c.

Tha deirg agus gile,
  Gleachd an gruaidhibh na fine,
Beul min mar an t-shirist,
  O'm milis thig failte.
    A Bhanarach, &c.

Mar phairc thaitnich de'n ibhri
  Tha deudach na ribhinn,
Gur i 'n donn-gheal-ghlan smideach,
  Is ro mhig-shuilich failte.

    A Bhanarach dhonn a chruidh,
      Chaoin a chruidh, dhonn a chruidh,
    Cailin deas donn a chruidh,
      Cuachag an fhasaich.

ORAN *do Dhò'null Mac-Ionmhuinn, a chaidh bhàth-adh.*

Gur mis' tha fo mhulad,
　Ged nach innis mi dhuin' e,
Fhuair mi'n geamhra so tuille 'sa chòir.
　Gur mis' tha, &c,

Ach nam maireadh e bliadhna,
　Bhiodh e'm aire gu siorruidh,
Cha d'fhan ribe gun liathadh roi'm fheòil.
　Ach nam, &c.

Bhi cluintinn mo chàirdean,
　Gam marbhadh, 's gam bàthadh,
'S gun am beagan tha làthair dhiubh 'm chòir.
　Bhi cluintinn, &c.

Chaidh iad uil' as a chèile
　Feadh na' h-Alba 's na h-Eirinn,
Ach am beagan tha'n Slèibhte dhiubh phòs.
　Chaid iad, &c.

Ach a Dhò'nuill Mhic-Ionmhuinn,
　'S tric m'inntinn ged iomradh,
'S nach fhaic mi mu'm thimchioll thu beo.
　Ach a Dhò'nuill, &c.

Air leam fhìn gun mòr am fuathas,
　Do chall, 's gun droch uair ann,
'S nach e'm bòdhm a thug uainn thu n'an sgòd.
　Air leam, &c.

Cha robh ball innte bríste,
 No aon ni bu mhist i,
'S truagh gun bhàt agus mise bhi d' chòir.
  Cha robh, &c.

Bhiodh do phears' agam sàbhailt,
 No bhiodh tuille ri àireamh,
'Mu'n do leig mi fo'n t-sàil thu, 's mi beo.
  Bhiodh do, &c.

Bu shàr-sgiobair air chuan thu,
 Ri là friolanach fuarraidh,
'N àm riof a chuir suas anns gach seol.
  Bu shàr &c.

Bha thu math air a h-ùrlar,
 Cha bu mheas air an stiùir thu,
Nuair a dh'éireadh muir-dhù-ghorm mu bòrd.
  Bha thu, &c.

'S miste mis a's cha'n fheairde,
 Gun deachaidh do bhàthadh,
'S mi bhi feitheamh do bhràthar 's e d' bhròn.
  'S misse mis, &c.

'S beag an t-ioghnadh leom fhein sud,
 E bhi dubhach mu d' dhèibhinn,
Bu chul-taic thu nam stréupa ga chòir.
  'S beag an, &c.

'Cha bu ghreannanach suarrach,
 Gan tigeadh do bhualadh,
Agus Dò'null ri d' ghualainn 'se beo.
  Cha ba, &c.

Tha do mhàthair gu truagh dheth,
O'n a ghabh i'n ceud buan diot,
'S tric t-athair a'suathadh a dhorn.
    Tha do, &c.

Gur mis' tha fo mhulad,
Ge nach innis mi dhuit e,
Fhuair mi'n geamhra so 'tuille 's a chòir.

ORAN *Buanadh, no Iumraidh.*

H-illinn h-ò h-ì h-ò h-ù o h-ò,
H-òrò h-o ì ill o h-ò,
H-illinn h-ò h-ì h-ò h-ù o h-ò.

Latha dhomh 's mi falbh a ghleannain,
Thachair Dughall orm na dheannaibh.
    H-illinn, &c.

Thachair Dughall orm na dheannaibh,
'S e 'g iomain na spréidh gu baile,
    H-illinn, &c.

'S e 'g iomain na spréidh gu baile,
'S as a sin gu tràigh na mara.
    H-illinn, &c.

'S as a sin gu tràigh na mara,
B' fhearr leom gum bidh bò no luach ann.
    H-illinn, &c.

B' fhearr leom gum bidh bò no luach orm,
Gun robh Dò'nall bàn le thuaidh ann.
    H-illinn, &c.

Gun robh Do'nall bàn le thuaidh ann,
'S e dheanadh a darach fhuaigheal.
    H-illinn, &c.

'S e dheanadh a darach fhuaigheal,
Dh' fhàgadh luchd'ar laidir luath i.
    H-illinn, &c.

Dh' fhàgadh luchd'or, laidir, luath i.
Fulangach gu siubhal chuantan.
    H-illinn, &c.

Fulangach gu siubhal chuantan,
Chaidh an latha 'n diugh gu fuathas,
    H-illinn, &c.

Chaidh an latha 'n diugh gu fuathas,
Tha cur sneachdai le gaoth tuath ann.
    H-illinn, &c.

Tha cur sneachdai le gaoth tuath ann,
Thug a Bhìrlinn bhàn an cuan orr,
  *   H-illinn, &c.

Thug a Bhìrlinn bhàn an cuan orr,
'S beag mo chùram as a fuadach.
    H-illinn, &c.

'S beag mo chùram as a fuadach,
Fhad-sa dh'fhanas bord dhi'n uachdar.
    H-illinn, &c.

Fad sa dh'fhanas bord dhi'n uachdar,
Is Mac-Dhò'nuill na ceann uachdrach.
    H-illinn, &c.

Is Mac-Dhò'nuill na ceann uachdrach,
Bha mo leannan air a gualainn.
    H-illinn, &c.

Bha mo leannan air a gualainn,
Gun cuir mo Rìgh car m'an cuairt di.
    H-illinn, &c.

Gun cuir mo Rìgh car m'an cuairt di,
Gus an dean i cal' a bhuannachd.
    H-illinn, &c.

Gus an dean i cal' a bhuannachd,
'S mo leannan air bord a fuaraidh.
    H-illinn, &c.

'S mo leannan air bord a fuaraidh,
Cha'n fhear dubh e, cha'n fhear ruadh e.
    H-illinn, &c.

Cha'n fhear dubh e, cha'n fhear ruadh e,
'S ann a tha e buidhe dualach.
     H-illinn h-ò h-ì h-ò h-ù o h-ò,
     H-òrò h-ò ì ìll o h-ò,
     H-illinn h-ò h-ì h-ò h-ù o h-ò.

ORAN *le Mari nighean Alastair Ruaidh do dh' Iain Mac Shir Tormaid Mhic Leoid, air dhi bràdh thombaca fhaotuinn uaith.*

For the air, see Mr MacDonald's Collection of Highland Airs, pages 28, 163.

LUINNEAG,

Hithill uthill agus ò,
  Hithill ò horiunnan
Hithill uthill agus ò,
  Hithill ò horiunnan
Hithill uthill agus ò
  Hithill ò horiunnan
Faillill ò hullill ò,
  Hò ri gheallaidh ill ain.

Ge do theid mi do m' leabaidh
  Cha'n é cadal is miannach leam,
Aig ro mheud na tuile,
  'S mo mhuilean gun iarann air,
Tha mholtair ri paidhe,
  Mur cailltear am bliadhna mi,
S' gur feumail domh faighinn,
  Ge do ghabhainn an iasad i.
    H-ithill, &c.

Tha mo chion air a chlachair,
  Rinn m'aigne-sa riarachadh,

P

Fear mor, a bheoil mheachair,
   Gè tosdach, gur briàthrach thu,
Gu'm faighinn air m'fhacal
   Na caisteil ged iaràinn iad ;
Cheart aindeoin mo stàta,
   Gun chàraich sud fiachan orm.
      H-ithill, &c.

Ged a thuirt mi riut clachair,
Air m'fhacal cha b'fhior dhomh e,
Gur rioghail do shloinneadh
   'S gur soilleir ri iarraidh e,
Fior Leodach ùr, gasda,
   Foinnidh beachdail, glic, fialaidh thu,
De shliochd nam fear flathail,
   Bu mhath an ceann chliaranach.
      H-ithill, &c.

Ach a mhic ud Shir Tormaid,
   Gu'n soirbhich gach bliadhna dhuit,
Chuir buaidh air do shliochd-sa,
   Agus piseach air t'iarmadan ;
'S do'n chuid eile chloinn t'athar,
   Anns gach rathad a thrìallas iad,
Gu'n robh toradh mo dhùrachd
   Dol nan rùo mar bu mhiannach leam.
      H-ithill, &c.

'Nuair a theid thu do'n fhireach,
   'S ro mhath chinneas am fiaghach leat,
Led' lothain chon ghleusda
   Ann ad dheigh 'nuair a thrialladh tù,
Sin, a's cuilbhear caol, cinnteach,
   Cruaidh, direach, gun fhiaradh ann ;
Bu tu sealgair na h-eilid,
   A choilich, 's na liàth-chirce.
      H-ithill, &c.

Tha mo chion air an Ruairi,
  Gur luaineach mud' sgeula mi,
Fior bhoinne geal suairc' thu,
  Am bheil uaisle na peacaige,
Air an d'fhàs an cùl dualach,
  'S e na chuachagan teud bhuidh,
Sin a's ùrladh ghlan shuairce
  Cha ba tuairisgeul breugach e.
    H-ithill, &c.

Slan iomradh dhuit Iain,
  Gu mu rathail a dh' éireas duit,
'S tu mac an deagh athar,
  Bha gu mathasach meaghrachail,
Bha gu furbhailteach, daonnachdach,
  Faoilteachail deirceachail,
Sàr cheannard air *trup* thu,
  Na'n cuirte leat feum orra.
    H-ithill, &c.

Gur aluinn am marcach
  Air each an glaic diollaid thu,
S tu cumail do phearsa
  Ann an cleachdadh, mar dh' iarrain duit,
Thigeadh sud ann ad laimh-sa
  Lann spainteach, ghorm, dhias-fhada,
A's paidhir mhath phiostal
  Air crios nam ball sniomhaineach.
    Hithill uthill agus ò,
      Hithill ò horiunnan
    Hithill uthill agus ò,
      Hithill ò horiunnnan
    Hithill uthill agus ò
      Hithill ò horiunnan
    Faillill ò hullill ò,
      Hò ri ghealluidh 'ill ain.

Le duin' uasal araidh do mhaighdinn oig.

LUINNEAG.

Mu rèitich an nighean donn,
 Tha i dol a phòsadh,
Hug uri bùg air a chailin,
 Tha leannan aig Dò'null ;
Mu rèitich an nighean donn,
 Tha i dol a phòsadh.

An raoir a chuala ni'n sgeula
 Chuir euslain ro mhor orm.
  Mu rèitich, &c.

Gun deach nighean an fhuilt chraobhaich
 A ghlaodhach di-dòmhnaich.
  Mu rèitich, &c.

Ribhinn ghasda, 's ro mhath cumadh
 O mullach gu brògan.
  Mu rèitich, Pc.

Do chul dualach, bachlach, sniomhain,
 Mar dhithean an eorna.
  Mu rèitich, &c.

Gnuis a b'àillidh r'a sireadh,
 'S ioma fear tha'n toir ort
  Mu rèitich, &c

Do mhala chaol, air dheagh tharruing,
  Thug barrachd air mòran.
   Mu réitich, &c.

'S an dà dhearc shuil mheallaich, mhiogaich,
  A ghuin mi gun m'fheoraich.
   Mu rèitich, &c.

Da ghruaidh mheachair, mhin dhearg, àillidh,
  Thàladh gradh gach oig-fhir.
   Mu rèitich, &c.

Fàile nan suth-craobh a t-anail,
  Blas meal' air do phogaibh.
   Mu rèitich, &c.

Deud geal snasta, snaithte, dionach,
  'S am beul o'm binn thig orain.
   Mu rèitich, &c.

Gur a gile na'n gath grèine,
  A braghad gle ghlan, boidheach.
   Mu rèitich, &c.

Cichean turaideach, liontach,
  Air uchd min, geal, boidheach.
   Mu rèitich, &c.

A seang chorp fallain mar an eala,
  Na mar chanach miontich.
   Mu rèitich, &c.

Calpa co-thromach cruinn lùth-mhor.
  'S au troigh nach lùb am feoirnean.
   Mu rèitich, &c.

P 3

Gu'n tàirneadh do shùgradh gu beadra
  Ceann Eaglais na Roimhe.
    Mu rèitich, &c.

Thug thu barrachd air an tè;
  Ri'n dubhradh reul nan oighean.
    Mu rèitich, &c.

'S niarachd fear a gheibh dha fein,
  Le nasgadh Cleire còir ort.
    Mu rèitich, &c.

'S truagh nach, bu mhise do raoghain,
  Mu'n do thagh thu Dònull.
    Mu rèitich, &c.

Ach cuiridh sinn sàradh san ealaidh
  O nach leannan domhs' thu.
    Mu rèitich, &c.

FAILTE *na Mòr-thir, le* A. MACDHO'NUILL.

H-eitirin àirin urin o h-o ro,
H-eitirin àirin h-ò rò.

Failt ort fèin a mhòr-thir bhoidheach,
Anns an òg-mhios bhealltuinn.   H-eitirin, &c.

Grian-thir òr-bhuidh, 's uaine còta,
'S froinidh ròs ri h-alltaibh. ..H-eitirin, &c.

Le biadh 's le dibh a' cuir thairis,
Cha d'theid Earrach teann orr.   H-eitirin, &c.

'S ianach, lurach, slios a tulaich,
S duilleach 'mullach chrann innt.   H-eitirin, &c.

A choill gu h-uile fo làn-duilleach,
'Si na culaidh-bhainnse.   H-eitirin, &c.

'S bainneach, bailceach, braonach glacach,
Bruachan tachdrach, ailleart.   H-eitirin, &c.

' S lionach, slatach, cuibhleach, breacach,
Seile ghlas nan samhnan.   H-eitirin, &c.

Mor-thir ghlan nam bradan tarra-gheal,
'S airgeadach cuir lann orr'.   H-eitirin, &c.

Tir lan sonais, saor o dhonus,
Gun dad conais dràndain.   H-eitirin, &c.

Seirceach, caidreach, gun dad sladachd,
Saor o bhraid, 's o ánntlachd.   H-eitirin, &c.

'S àluinn a beinnean, 'sa sraithean,
'S éibhinn dath a Gleanntain.   H-eitirin, &c.

Graidhean dhearg a' tàmh mu'fireach,
Eilid bhiorach, 's mang aic'.   H-eitirin, &c.

Boc air daradh timchioll daraig,
'N déigh a leannain cheann-deirg.   H-eitirin, &c.

Coilich choille, 's iad ri coilleig,
Anns an doire chrainntail.   H-eitirin, &c.

Cnothach, caorach, dearcach, braonach,
Glasrach, raonach, aibhneach.   H-eitirin, &c.

'S deiltreach, laomach, meiltreach, caoineach,
A fuinn mhaoineach, leamhnach.   H-eitirin, &c.

'S cùbhraidh 'súthan, 's badach luibhean,
Ris a bhruthainn ann-teas.   H-eitirin, &c.

'S feurach, craobhach, luideach, gaolach,
An tìr fhaolaidh sheannsail.   H-eitiriu, &c.

Grian ag eiridh 'g orádh sleibhe,
'S beachan gheug ri srannraich.   H-eitirin, &c.

Seillein ruadha dìogladh chluaran,
'S mil ga buain le drandan.   H-eitirin, &c.

Breac le sùlas leum a buinne.
Ruith nan cuileag greannar.   H-eitirin, &c.

Bàrr gach tolmain fo bhrat gorm-dhearc,
Air gach borachan alltain.   H-eitirin, &c.

Lusan cùbhraidh mach a' brùchdadh,
'S cuid diubh cùl-ghorm bainn-dearg.
  . H-eitirin, &c.

'S ceolar éibhinn bàrr gach géige,
'S an eòin fein a danns' orr'.   H-eitirin, &c.

Crodh air dàir am bàrr an fhàsaich,
'N fhèoir nach d'thàs gu crainntidh. H-eitrin, &c.

'S iad air theas a' ruidh le 'm buaraich,
'S té le cuaich gan teann-ruith.   H-eitirin, &c.

'S miosrach, cuachach, leabach, luachrach,
Dol gu buailidh 's t-sàmhradh.   H-eitirin, &c.

'S ò'nach, uachdrach, blàthach, cnuachdach,
Lòn nam buachall annta.   H-eitirin, &c.

'S ìmeach, gruthach, meogach, sruthach,
An imirich shubhach, shlambach.   H-eitirin, &c.

Deoch gun tomhas dol far comhait,
Gun aon ghlothar gainntir.

  H-eitirin àirin, ùrin o h-o ro,
  H-eitirin àirin ò rò.

ORAN *le Uilliam Mac Còinnich, do nighean*
Choinnich-ruaidh mhic fhir na Comraich

'S CIANAIL m' aigne o na mhaduinn,
  Ghabh mi cead do 'n ribhinn,
Tì cho-thaitneach riut cha'n fhaic mi
  Ann an dreach no fiamhachd ;
Bu trian do m' lòn do bhrìathribh beòil
  A teachd mar cheol a sith-bhruth,
'S i'n t-sheirc atà'nad' bhraighe bàn,
  A thaisg mo ghràdh gu diomhair.

Ciochan corrach, lìonta soluis,
  Air do bhroilleach rè ghlan ;
Do sheang-shlios fallain mar an eala,
  Na mar chanach sleibhe ;
Bas ionmhuinn caoin na'n geal-mheur caol,
  A' dealbh n'an craobh air péurlain,
'S tu fialaigh glic 's do chiall gun tig,
  Air diomhaireachd nan rèultan.

Do bhràighe gle-gheal mar ghath grèine ;
  T' aghaidh re ghlan mhòthar ;
Tiunnail t-eug'ais 'stearc re fhaotuin,
  Gur tu rèul na n,òighean ;
Gur bachlach, dualach, casbhui, cuachach,
  T' fhalt ma'n cuairt ann òrdugh ;
'S ann tha gach ciabh mar fhàin air sniamh,
  'S gach aon air fiamh an òir dhiubh.

Nighean aingil nan rosg malla,
   'S na'n gruaigh glan tha narach;
Dà shùil ghorm mheallach, fo'd chaol mhala,
   S' gach aon a' mhealladh graidh dhiubh;
Tha maise ad ghnùis, gun easbhuidh muirn;
   Beul meachair ciuin ni mànran;
Do bhriodal caomh, 's do loinn maraon,
   A rinn mo ghaol-sa shàradh.

Corp seamhaidh bàn, cho-lìonas gràdh
   Gach tì a tharadh iul ort;
'S ann tha do shnuagh, toirt bàr air sluagh,
   'S tu 'n ainnir shuairce chliuiteach;
Do dheas chalpannan ro dhealbhach,
   Gun bhi meanbh na dùmhail;
Troigh chruinn chòmhnard dh' fhalbhas mòthar
   Nach dean fèoirn' a lùbadh.

Cho glan is tù 's neo shoilleir dhùinn,
   'S mar ghealach thu 'n tùs èiridh;
Bèul tana dearg mùint' 's anail chùbhraidh,
   'S tiùnnail thu do Vènus.
'S e chrùn do thlachd deud mùirn mar chailc,
   Air a dlutha ceart ri chèile,
O' n tig an t-oran, èatrom ceolmhor,
   Mar an smeorach cheitein.

O fhlath nan dùl tùs rath' fhuair thu,
   Bhi modhail, ciuin gun àrdan;
Tha iochd as cliù, as loinn, as mùirn
   Air a ghlaoigh dlù re d' nàdur;
'S tu air do bhuain a freamh na'm buagh,
   Do 'n trèun fhuil uasail statoil;
U fialaidh pailt ann gniomh san tlachd,
   'S do chiall co-streup ri t àilteachd.

Os cionn t àilteachd riàbh cha tàinig
  Gnùis o laimh na Trionaid ;
Gur soilleir dhùinn, 'n uair rinneadh thu,
  Nach robh na Dùilin diomhain ;
Ur ribhin thlà 's ro rioghail gnà's,
  Do dhùlsin gràidh tha lion'ar ;
A ghèug na m'buagh, ge cian mi uait,
  Na gèill-sa chluain luchd mì-ruin.

Mi cian o d' chaidribh, 's buan dhomh fhaidid,
  Dh' fhàg sùd m' aigne piànail ;
Osnadh ghna gun fhois gun tamh,
  A fhrois gach blàth do m' fhion-fhuil ;
'S e bhrosnaich deoir 's a chlaoidh mo threòir
  An ribhinn òg so thriall uainn ;
'S tu 's trom a dh' fhàg mi, oigh mo ghràidh,
  Le d'bhròn atà mi cianail.

ORÀN *le Niall MacMhuirich Seanchai Chlann Raonuill, do Mhac Mhic—Ailein, a leonadh latha Sliabh-n t-shiorram, mun d' fhuair e naigheachd a bhàis.*

Gur è naigheachd na ciadain,
Rinn mo chruitheachd a shiaradh,
Le liunn dubh, 's le bròn cianail
Gun dhrùith è trom air mo chriochaibh,
Mo sgeul duilich nach iarr mi ur còmhradh.
  Mo sgeul, &c.

M' ulai, m' aighear, is m' aiteas,
Tha fo bhinn aig fir shasgunn,
Ar Tighearn' òg maiseach,
An t-odh ud Iarla nam bratach,
Mac an fhir thug dhomh fasga 'nuair b'òg' mi.
    Mac an, &c.

'S truagh gun mise bhi lamh ruit,
'Nuair a leaga 's bhlàr thu,
Gu cruaidh curanta laidir,
Agus spionna nan Gaidheal,
Nàile dhiolainn do bhàs, dheanainn feòlach.
    Nàile dhiolainn, &c.

Ui'st aighearach, èibhinn
Dhu'ach, ghalanach, dhèuraçh,
Nis o rug ort am beum so,
'S goirt r'a fhulang ni 's èiginn
Liuthad fear a tha 'n deigh air Mac-Dho' nuill.
    Liuthad fear, &c.

Cha 'n è 'n Domhnull sin roimhe,
Ach mac sin Dhomhnuill odh Iain,
Ailein aoibhin an aigheir,
Urram fèile; righ flatha,
Ceannard meaghreach gu caitheamh na mòr-chuis.
    Ceannart, &c.

'Nuair a chiaradh am feasgar,
Gum biodh branndai ga losgadh,
Fion Frangach ga chosg leibh,
Coinnlein cèire gan losgadh,
Sàr Cheann-feadhna toirt brosnacha ceoil duibh
    Sàr Cheann-, &c.

Q

Gum biodh fiodhall ga rùsgadh ;
Buidheann thaitneach air ùrlar ;
Piob a 'sgala nan sionnsar,
Fuaim talla r'a chùl sin,
Iomairt chleas air chrios cùil nam fear òga.
    Iomairt chleas, &c.

M' ulaidh m'aighear am fiuran,
An t-Ailean aighearach aoigheil,
Bha gu macanta mùinte,
Dh' fhàs gu h-aigeantach ùiseil,
Fhuair mi aoibhneas a d' chùirt 'cha be'n dòlum.
    Fhuair mi, &c.

Bu tu m' urram is m' annsachd,
Cha seinn mi eachdrui do bhàis ort,
Aig eagal drochd fhàisneachd,
'N dùil gum faiccamsa slàn thu,
Mar a faic gun toir gaelig ni's mò uam,
    Mar a faic, &c.

Tha mi sgìth 's gun mi ullamh,
'S mi 'n diaigh mo chuire,
Gun dùil ri sud tuille ;
B'fhearr nach bitheadh na h-urrad,
O'n là chuala gun chuireadh do leon ort.
    O'n la, &c.

MARBH-RANN *Mhic-'ic-Ailein le Nial Mac-Mhuir-ich cheudna.*

OCH ! a Mhuire mo dhunaidh,
 Thu bhi d' shìneadh air t-uilinn,
'An tigh mor Mhoirear Drumad,
 Gun ar dùil ri d' theachd tuille,
Le fàilte 's le furan,
 Dh'fhios na dù'cha da'm buineadh,
A charaid Larla Choig-Ulainn,
 'S goirt le Ceannard fir Mhuile do dhìol.
   'S goirt le, &c.

Dh'fhalbh Domhnull nan Domhnull,
 A's an Raonull a b' òige,
'S Mac-'ic Alastoir Chnòideart,
 Fear na misniche mòire,
Dh'fheuch am beireadh iad beo ort,
 Cha ro'n sud dhoibh ach gòrraich,
Feum chà robh dhoibh nan tòireachd,
 'S ann a fhuair iad do chòmhra gun chlì.
   'S ann a fhuair, &c.

Mo chreach mhòr mar a thachair,
 'S è chuir tur stad air m' aiteas,
T-fhuil mhòr'alach reachd'ar,
 Bhi air bòcadh a d' chraicionn,
Gun seol air a casgadh ;
 Bu tu righ nam fear feachda,
A chum t-onoir is t-fhacal,
 'S cha do phill thu le gealtachd a nìos.
   'Scha do &c.

Mo cheist Ceannard Chlann-Raonuill,
    Aig am biodh na cinn-fheadhna,
Na fir ùr air dheagh fhoghlum,
    Nach iarra de'n t-shaoghal,
Ach airm agus aodach,
    Le 'n cuilbheiribh caola,
Sheasadh fad air an aodann,
    Rinn iad sud is cha d'fhaod iad do dhìon.
      Rinn iad, &c.

'S mòr gàir Ban do Chinnidh,
    O'n a thòisich an iomairt,
An sgeul a fhuair iad chuir tiom orr',
    T-fhuil chraobhach a' sileadh,
'S i dortadh air mhire,
    Gun seol air a pilleadh,
Ge d' tha Raonall a d'ionad,
    'S mòr ar call ged a chinneadh an Righ.
      'S mòr ar, &c.

'S trom puthar na luaidhe,
    'S goirt 's gur cumhann a buala,
Nach do ruith i air h-uachdar,
    'N uair a dh'ionntrain iad uath thu,
Thug do mhuinntir gàir chruaidh asd;
    Ach 's è òrdugh a fhuair iad,
Ceum air 'n aghai le cruadal,
    'S a bhi leantuinn na ruaig air a druim.
      'Sa bhi, &c.

Dheagh Mhic-Ailein mhic Iain,
    Cha robh leithid do thighe,
Ann am Breatunn r'a fhaighinn;
    Tigh mor fiughantach, flathail,

'M bu mhòr sùgra lei h-aidhéir,
"Bhiodh na h-uaislean ga thathaich,
Rinn iad cuims' air do chaitheamh,
Ann an toiseach an latha dol sìos.
Ann an &c.

'S iomad gruagach a's breideach,
Eadar Uithist is Slèite,
Chuaidh am mugha mu d' dheibhinn,
Luidh smal air na speuraibh
Agus sneachd air na geugaibh,
Ghuil èunlaith an t-shleibhe,
O'n là chual iad gun d' èug thu,
A cheann-uighe nan ceud bu mhor prìs.
A cheann-uighe, &c.

Gheibht' a d' bhaile mu fheasgar,
Smùid mhòr, 's cha b' è 'n greadan;
Fir ùr agus fleasgaich,
A' losga fùdair le beadradh,
Cùirn is cupaichin breaca,
Pìosan òir air an deiltreadh,
'S cha b' ann falamh a gheibht' iad,
Ach gach deoch mar bu neartmhoire brìgh.
Ach gach, &c.

'S iomad Clogaid a's targaid,
Agus cloidheamh chinn airgid,
Bhiodh mar coinneamh air ealachuin,
Dhomhsa b' aithne do sheanchas,
Ge do b' fharsuing ri leanmhuinn,
Ann an eachdrui na h-Alba;

Q 3

Raonuill oig dean beairt ainmeil,
   O'n bu dual duit 'o d' leannhuinn mòr-ghnìomh.
    O'n bu dual, &c.

'S cha bu lothagan cliata,
   Gheibht' ad stàpuill gam biathadh;
Ach eich chruidheacha shrianach,
   Bhiodh do mhiol-choin air iallaibh,
'S iad a' feitheamh ri fiaghach,
   Ann sna coireinibh riathach,
B' è mo chreach nach do liath thu,
   M' an d-thainig teachdair ge d' iarruidh on Rìgh.
    M' an d-thainig, &c.

AN

TREAS DUAN

DE SGEULACHD NA TROIDHE;

AIR A THIONNDADH

O GHREUGAIS HOMEIR,

Gu Gàilig Abraich.

LE H-EOBHON MAC LACHAINN.

Còmhrag Phàris a's Mhenelàüis mu Helen.

'N UAIR thàirneadh iad air an raon
Fo iùil nan laoch bu choltach dealbh,
Feachd na Tròidhe ghluais 'nan dàil,
Le comh-ghàir; 's le gleadhraich arm.
Amhuil sgaoth shiùbhlach nan còrr,   5
Ard 's na neoil a' bodhar fhuaim,
Thair ghailbhinn na fairg' a' triall
Romh spionadh nan doinionn fuar,
Gu dùthaich nan eilein cian,
Chogadh ris an iarmad mheanbh,   10

5

Mu'm brùchd iad gu dlùth o'n spéur
Còmhrag béumnach nan éug searbh.
Ghluais na Greugaich fo bhalbh-thosd,
An trom-fheachd bu shocrach céum;
Gach amam air ghoil gu h-àr,   15
'S gu còmhnadh 'an spàirn nan créuchd.
   Mar dhòirteas gaoth-deas o sgéith
Falluing néul mu chruach nan sliabh,
'S bochd le fear faire nan tréud,
'S annsa do'n mhèirleach gu gniomh,   20
No 'n duibh thrath dorcha gun réull;
Luchd astair fo bheud 's a cheò;
'S gann a chitear tom no glac
Fhad 's a shiubhladh clach a dòrn:
Sin mar dh' éireadh cuartag dhall   25
'Ga mosgladh le tatraich bhonn,
Fo thriàll nan curaidh gun mheang
Thair' chòmhnard an raoin 'na'n ceann.
   Air tigh'n fogasg uchd ri uchd,
Sheasamh air dha thaobh gach feachd: 30
'S chunn'cadar air thùs a shlòigh
Pàris òg bu rìoghail dreach.
Ri thaobh bha claidheamh nam buadh;
Fiubhai 's balg air 'uallach siar,
Faobh math'ain mu'ghuaillibh àigh,   35
'S e gluasad romh 'n bhlar mar dhia.
Fad-shleagh ga crathadh 's gach làimh
'S an dà bhàrr de'n stàillinn chruaidh:
Gu còmhrag fuileach nam béum
Dhùlanaich e Ghréig 's a sluagh.   40
   Menelàüs nan lann géur
Ghabh beachd air an tréun 's an uair
Teachd le fad-chéumaibh romh 'n lòn,
Gu mòrrach air tùs a shluaigh.
Mar mhion-acras leòmhainn ghairg   45

Thachras ri mòr-chairbh 's a ghleann,
Utlaiche cabrach nan cròchd,
No fiadh-ghobhar òg nam beann,
Spòltaidh e 'n fhaodail le ghiall,
'S sluigidh sios 'na ceill'chdibh dlùth ;   50
'N òigridh 's a chonchairt gun fhéum
Ga thathunn o bhéul gu 'chùl :
Sud mar chìt' an Gréugach ùr'
Air iom'chrith gu dioghailt throm ;
'S a' charbad, fo armaibh àigh   55
Ghrad-thoirleum gu làr an sonn.
  Chunnaig Paris bu ghlan lìth
Air thùs chàich an Rìgh 'na chruaidh ;
Phlosg anam 'an grunnd a chléibh
'S theich romh 'n éug air chùl a shluaigh.   60
Mar chi buachaille nan gleann
'S e 'n doimhneachd choilltich nam beann
Nathair bhreachd-shligneach an tuim
A saighdeadh air lom le srann ;
Breabaidh e seachad 'na leùm   65
Romh 'n gharg-bhéisd is millteach ruinn,
Fallas fuar air a ghruaidh bhàin,
Dlùth-chrith air gach cnàimh le h-oillt :
B' amhuil grad theicheadh an òig
Romh 'n Rìgh mhòr bu stàtoil loinn,   70
Air cùl reang a dhìslean gràidh,
'S gun seachnadh e 'm bàs a thoill.
  Fhuair Hector an t-uasal deas
'G éuladh as o' ghreis nam béum,
Las corruich a chuim gu dian,   75
'S thaosg i 'mach 'am briathraibh geur' :—
  Fhir bhòidhich bhuig nan diom-buaidh,
A dh'fhuadach bhàn le saobh-ghlòir !
Righ ! nach d'éug mu'm facas grian,
Ach gu h-àrraid romh d' ghniomh bròin !   80

'S mòr gum b'-fhearr no 'm bosd gun fhéum,
'S teicheadh an déis fògairt fhaoin ;
Thu nis a t'-ion-bhùirst aig càch,
'S a d' bhall-tàmailt do d' luchd gaoil.
'N uair chunn'cas Paris nan arm,　　　　　85
Chlisg a Ghrèig romh dhealbh an t-shéoid,
Ach fhuair iad thu mach romh 'n àm,
Cridhe fann, is còm gun treòir.
Am b' amhuil 'o laithibh cian
'N uair dh'imich thu siar le t-shluagh,　　90
T-àrd-loingeas fo 'n còmhlan borb
Th'air ghaill-bhinnean doirbh a chuain?
(Bu shealladh ioghnaidh don Ghréig
Na 'n sréud air an oitir dhuinn,
Faicinn fiùbhaidh nan seòl crom　　　　95
'S an tonn a crònan mu druim.)
Am b' amhuil t-aigneadh gun chlìth,
'Triall gu Sparta, tir nan tréun,
'N uair mheall thu le d' bhriodal cùil
An òg-bhean a b' ùire gnè ?　　　　　100
Aighear is uaill sud do d' nàmh,
Dosgainn is gniomh-nàr dhuit féin,
Cùis chràdh-lot do t-athair bròin,
Sgrios a's deoir do d'shlogh gu lèir.
Dhiùlt thu còmhrag an fhir thréin,　　　105
Menelaüs nam béum bàis !
Mu'r diùltadh, dh' aithn 'gheadh do chom,
Nach faoin céud chòmbach do mhnà.
Tairbhe cha dean t-òr-chul réith,
Tabhartas Venuis nan gaol,　　　　　110
Do chruit airgid, do sgèimh grinn,
'N uair shìnear thu 'n sal an raoin.
'Anmain chrìn nan gniomh neo-ghlic !
Mùr biodh Tròidh gun sgrid, gun toirt,
'S cian o'n chaidh air muin do chuirp　　115
Earradh chlach a dhiol do lochd.

Fhreagair Paris a chruth chaoin :—
('S rughadh nàire sgaoil mu ghruaidh:)
'S ceart, a bhràthair, ràdh do bheòil,
Thoill mi do dhiomb, 's còir a luadh.   120
Tha cridhe d' chom-sa mar chruaidh
Nach taisich romh fhuathas bhlàr,
Ruinngheur gu beumannan goirt
Nach sgithich 'an trod à chràidh.
Mar thuaidh 'an glaic saoir 'sa choill   125
A sòlar fiubhaidh da 'luing,
Cur neart le straillinnean trom
'S e bruan-spealtadh chraobh a ghlinn :—
'S amhluidh leam t-anam gun fhiamh,
'S aidichim gur fior do ghlòir,   130
Ach na meas, a laoich, mar thàir,
Tiodhlac Venuis nan gràdh òir.
Cha chòir saltairt le diom-brìgh
Air gibhtean prìseil nan dia ;
O'n làimh tha'n teachd anuas ;   135
'S beairteas iàd nach cnuasaich miann.
'N àill leat mi chòmhrag gun dàil ?
Thoir caismeachd gun tàmh na sloigh ;
Mis a's Menelaus trèun
Cogaidh mun chaoin léig 's mu h-òr.   140
Bi'dh cath dian air an lom réith ;
'S an laoch leis an éirich buaidh,
Helen 's a h-earras gu léir
Theid dachaidh leis fein mar dhuais.
Naisgeadh càch le càirdeas sìth :   145
Eugadh a chaoidh strìgh a's fearg ;
Comhnuicheadh tuath Thròidh 'nan tir
Air sgàth fuinn nam mìle sealbh.
Gréugaich lionmhor nan long luath
Grad ais'geadh uainn thair sàil   150

3

Gu h-Argos, tuineadh nan tréun,
Fonn nan steud 's nan rìbhinn àigh.

B' éibhinn le Hector a ghlòir ;
Chéum e gu mòrrach romh 'n fhonn,
'S le fhad-shleagh tarsuing 'na ghlaic   155
Ghrab e maomadh feachd nan sonn.
Shocraich iad uil' àir an lòn,
A grad-thoirt do'n òrdugh géill ;
Bheachnaich a Ghréig am fear mòr
'S bhrùchd 'na chòmhdhail a dh' aon-bheum, 160
A'caitheamh mu chòm an t-sheòid
Fras nan dòirneag 's nan calg géur,
Gus an d' éubh an Ceannard àigh
Agamemnon gràdh nan tréun :——

     Fosadh oirbh a Chlann na Gréig !   165
Na tilgibh, fhearuibh nan conn !
Hector tha teachd oiru le sgéul ;
Eisdear ciod is miann do'n t-shonn.
     An grad ordugh ghabh am feachd
'An urram do smachd an Rìgh ;   170
Sheas iad gu leir na'm balbh thosd,
'S shiolaidh conbhadh lot gu sìth.
     Thuirt Hector, eadar na sloigh :——
Mean-eisdeadh rium Tròidh 's a Ghréig ;
Labhram briathran Pharis òig   175
Ceann-aobhar ar bròin gu léir.
Taisgear gach claidheamh 'na thruaill,
'S leagar gach arm cruaidh air làr ;
Menelaüs mar-ris féin
Ni déuchainn air réith a bhlàir :   180
An lan-fhianuis an da shlòigh
Imridh iad an còmhrag dian
Air sgath Helen tùs ar cràidh
Gèug na mais' is àr-bhuidh ciabh :
A bhean 's a h-earras mar aon   185

Biodh do'n laoch a choisneas buaidh ;
Naisgeadh càch le càirdeas sìth,
'S éugadh a chaoidh strìth a's fuath.
'N uair chuàla na suinn an ràdh,
Fad a bhlàir gach béul bha balbh ;   190
Dh' éubh fa dheòidh gu h-osgarr'* àrd
Menelaiis làmh nan arm :—
   Eisdibh riums' a fhuair an tàir ;
Agramsa labhairt mar chòir ;
Ormsa dh' imreadh an gniomh nàr   195
A ghin béud nan cràdh 's nan gò,
'S dùil leam nach cian uainn an t-àm
Thairngeas ar 'n àmhghar gu ceann ;
Ormsa ghniomhaich Paris, béud ;
Leinne dearbhar stréup nan lann :   200
An neach sin da 'n dual am 'Bàs,
Tuiteadh marbh air an tràigh fhuair :
Naisgeadh càch le càirdeas sìth ;
'S eugadh a chaoidh strìth is fuath.
Faighear gu h-iobairt tri Uain ;   205
Tairgear fear geal duits' a Ghrian !
Uainein dubh don Fhonn bhith-bhuan,
'S uan do dh' Uachdaran nan dia.
Thigeadh Priam nan ciabh glàs,
'S naisgeadh e ceangal nam mionn ;   210
Tha mhic foilleil, eang'bhai cas,
Fal'chaidh, connspach, leat is leam.
Mar' sin, cha d'thig iad 'nar dàil
Mùn tàirear air mionn an Dé.
'S iomla 'n òige, 's b'iomla riamh,   215
Luasganach diomhain gun chéill :
Tha 'n Aois faicleach glic gu h-iùil,
Air gach taobh tha sùl-bheachd géur,

* Loudly, with *Oscar's* lungs. In the Scots dialect there ar
many vocables that refer to the Fingalian heroes and customs.

                   R,

'S leir na dh' fhalbh, 's na thig gu crich,
'S freagradh i gach ni 'ga réir.   220
    Chual an slogh le sòlas crìdh ;
Dhealraich dùil ri sìth 's gach com ;
Theann iad reang nan steud air chùl,
'S thoir leum fo'n airm ùr air fonn.
Dh' fhuasgladar gach mailleach throm,   225
'Sgaoileadar air lom na h-airm.
An da fheachd bha 'n òrdugh blàir
'S sleaghan sàithte 'sa chaol-leirg.
    Chuir Hector da mhaor gu luath
Dh' fhaotuinn uan as a stuaigh mhòir,   230
'S a dh'iomchar fios don t-sheann rìgh
Chum 's gun naisgte 'n t-shìth air dòigh.
As gu h-àrd chalbhlach nan long
Ghluais Talthybius bu mhor suìm,
Thoirt uain leis gu Triath nan spéur   235
Nach feallar le breig a chaoidh.
    'N sin thùrluing o neamh 'na still
Gu Helen bu rìomhach ciabh
A bhan'-dia 'ni 'm bogha frois
Air fillinnean glas nan nial.   240
Mar Laodice nan gaol
Bha gluasad 's a h-aogasg mìn,
Oigni bu mheasala loinn
Gu'm b' i sud do chloinn an righ.
Fhuair i Léug na féile steach   245
Aig a beairt 'an talla na mùirn,
Air uachdar an earraidh shròil
A fighe nan òr-dhealbh dlùth ;
Mar-ri h-eachdrai dhòinich féin
Dheilbh i blàir na Gréig air raon,   250
Na dh'fhuiling Tròidh air a sgàth,
'S uile bhuaidhean cràidh a gaoil.
Ban-dia luàth nam bogha breac

Ghairm air Helen nan rosg mall :—
Thigs', a Ghràidh ! 's gum faic do shùil   255
Gach ioghnadh 's an fhaich nd thall,
Tròidñich mheamnach nam bras stéud,
Is Gréugaich nam màilleach trom,
Gab' ainnteith gu h-earghlais àir,
Nis tha tàmh air feirg nan sonn.   260
Chaidh sìth-chlos air blàr nan déur,
Fiath air fad 's air léud an raoin ;
Ceann gach fir air earr a sgéith
'S àrd-shleagh sàitht' am feur ri thaobh.
Paris òg is òrbhuidh dual   265
'S Menelaüs nan cruaidh-lann,
Le 'm fad-ghaithean calgach géur
Bheir garbh dheuchainn euchdach theann :
Do'n neach leis an éirich buaidh
Ni do ghràdhsa 'n luach a dhiol.—   270
Labhair Ban'-dia nan dealbh grinn,
'S dhùisg 'na h-inntinn mìle miann.
Rùn a muinntreach 's a céud-ghràidh,
'S na deise 'dh' àraich i n tòs,
Las mar theine 'n grunnd a cléibh   275
'S bhrùchd le meall-shùil déur a bhròin.
'N uair thilg i mu gnùis gun mheang
Brat-còmhdaich mar shneachd nan gleann
Bu ghrad a h-imeachd air lom
O'n òr-bheairt, 's i osnach, fann.   280
Dh'fhalbh i gu dubhach 'na tosd,
Gu fosgladh dhorsan nan Sgiath,*
'Na cois bha da òg-mhnaoidh mhìn,
A fhreasdal 's gach ni da riar.
Shuidh aig àrd-chòmhlaidh nan cliar   285

---

* Dhorsan nan *Sgiath*. ἐπὶ Σκαιῇσι πύλῃσι. Σκαιὰ, lœva, vox
planè Celtica " làmh na sgéithe." Hac ratione nostrâ subinde
vindicabimus, e. g. Τριγλώχιν, tri-ghlocach, &c.

Comunn liath nan seanfhear cruinn ;
B' iad sud luchd comhairle 'n Righ
A dh'fhuasgladh le brigh gach snuim.
Icetaon 's Priam fein,
Ucalegon, 's Thymotes mòr,   290
Panthus, Lampus, Clytius géur,
'S deagh Antenor nan sgéum còrr:
Shuidh iad ri taice mu'n cuairt;
Aig balla nan stuagh 'sa ghréin,   295
Seann-laoich nach d'imich gu blàr
Amhosgladh nan amhghar géur :
Ach bha 'n luaidh air gliocas cinn
Nan aimsir 's nan linn a thréig,
Mar thorman nam fionan-feôir
'S iad ri ceòl tra-nòin air ghéig.   300
Chunn'cas Helen nan òr-chleachd
'Tighn faisg dhoibh air balla 'n tùir,
Dh'aidich iad am briathrnibh luath
Feartan buairidh na Léig ùir —
'Náoidh bliadhna 'g iorghaill nan lann,   305
'S mairg a mheas mar ioghnadh dhuinn
Mu ghaol na finné gun mheang
Ab'fhearr càil gam facas leinn.
Liudhad buaidh 'na caoin-chruth seamh !
Cia mòrrach a mèinn, 's a fàlbh !   310
Agh nan annsachd thair gach té.
Mar bhan'-dia o'n spéur a dealbh.
Ach ga h-àillidh Seir: nam Buadh,
Siùbhlaidh i thair chuan gun dàil,
Mu'n dearbh i dhuinne 's d'ar sliochd 315
Eiginn chruaidh a's sgrios a's cràdh.
  Dh' éubh Priam i nunn ri thaobh :—
Thigs' a Réull nan ùr-bheen caoin !
Faic thall ud a measg nan slògh
Càirdean t-òige 's do chéud ghaoil.   320

'S dearbh nach tus_'ar n-aobhar bròin ;
'S ann a dhòirt oirn corruich Dhé,
Toil nan Cumhachd buan air neamh ;
Stiùir gu'r dùthaich blar nan déur.
   Ach seall-sa, 's ainmich, Co è   325
Sud, a dearsadh thair an t-sluagh,
Am mòr-Ghréugach laoch'or àrd,
Imeachd statoil àilli' shnuagh.
Chi mi roinn ga'n gairbhe com
Air an fhonn am measg nan cliar;   330
Ach aon neach chà taobh ris féin
'An urram, no 'n céum, no 'n sgiamh.
Colg an làn-ghaisgich 'na shùil,
Mòrralachd 'na ghnùis gun spìd;
 Cha'n fhaca mi shamla riamh ;   335
Ma sa fior leam, sud an Righ.
   Athair chaoimh-chridhich mo ghaoil !
(Thuirt Helen nam maoth-rosg tlàth)
Romhad 's mòr m'eagall is m' fhiamh,
Teachd na t-fhiannis 's leam gur nàr.   340
Och nan och ! gur truagh nach d'éug,
Seal mu'n thréig mi 'm fear a b' fhiùgh !
Bràithrean càirdean, dh'fhàg, mi m' dheigh,
'S chaidh m' aon leanban fein fo'r cùl.
 Lean mi le h-aigneadh neo-ghlic   345
Ceum do mhic, s' air an toisg chruaidh ;
Deòir a's bron 'na lorg ga m' chnàmh,
Gus an tàr dhomh bàs a's uaigh !
Faic Mac Atreuis, Righ nan Righ,
Borb 's na strithibh géur gu h-iùil ;   350
Roimh laithean mianais mo nàr,
B'e sud bràthair mo cheud Rùin !
   Ghlac eibhneas an Sean-fhear liath,
'S mhol e'n Triath 'am briathraibh binn :—
'S son' thus', a Mhic Atreuis àigh,   355
              R 3

Leat theid Buaidh 's gach àit' am bi.
'S farsuing do rìoghachd 's gur fial,
Slòigh tha cian gun eirich leat ;
Ge lionmhor na dh'éug 'sa bhlàr,
Dream gun àireamh 's beò fo d'reachd. 360
Ràineas, 's an aimsir a thriall,
Phrygia, tir nam fionain trom,
Miltean laoch air steudaibh seang
Chìte 'na n làn-ghléus air fonn.
Otreus bu cheann-iuil nan tréun, 365
'S Migdon àigh nan éuchd màr Dhia :
Ghluais mise 'na n taic le m' lòd,
Gu Sangar nam mòrshruth dian.
Chog sinn ris a Bhannal gharg,
'S bha 'n tonn airgid dearg le h-àr : 370
Ge b' ainmeil iad sud gu léir
B'fhaoin iad seach na Gréugaich àigh.
    An t-ath shealladh thug e 'nunn :—
Co sud 's airm air làr an fhuinn?
'S leatha 'ghuaillean 's a chliabh cruinn, 375
Ge mò 'n Righ mar àird 'a chinn ;
Ri ceannsgal o shlògh gu slògh
Mar Reithe * garbh-rùsgach, mòr,
'S stàtail sios a's suas a chéum
A didein nan tréud air lòn. 380
    Fhreagair Helen nan sùl tlàth,
(Siolach àluinn Righ nan spéur)
Sud Ulisses is mòr sium,
Mac Laertes nan luim géur.
Ithaca chreagach nan sgùrr 385
Oighreachd dhùchais an fhir thréin ;
Air dhulchunn, air dhoimhneachd tùir
Liou a chliu gach fonn fo'n ghréin.

* Tiugh-rusgach. Πηγεσιμάλλ.ψ.

Thuirt Anténor bu mhòr brigh:—
Og-bhean àillidh ! ''s fìor do ghlòir :   390
B' eòl domhsa, 's an àm a thréig,
Ithacus (Ulisses) 'an céill mar Iòbh.
Air sgàth do theachdaireachd féin,
Thàinig an da thréun gum theach,
Menelàüs, làmh nan gléus,   395
'S deagh-Ulisses bu ghéur beachd.
Rinn mi ti-bheatha nan laoch,
'S ghabh sinn, a chuilm shaor gun cheal :
'N sin bheachdaich mise gu dùr,
Ciod inntinn a's tùr nam fear.   400
'N uair chomh-ghairmte Tròidh gu cùis,
'S a sheasadh 'sa chuirt na sèoid,
Bha àirde nan guaillean àigh
Air taobh Mhenelàüis mhòir.
'N uair shuidheadh a sios na suinn   405
'N sreith chruinn nan ceannard tric,
Bha tuilleadh mòrrachd 'an gnùis
Ithacuis a stiùraidh ghlic.
'N uair thionnsgaint' am fianuis chàich,
Air deilbh ràidean nan luim còrr,   410
Bhiodh cainnt Mhenelàüis cruaidh,
Gearr, tarbhach, gun chuairt gu'n sgòd :
Bha smachd na h-òig' air an laoch ;
'Na' sgéul cha robh gaoth no bòsd,
Ach purp grunndoil soilleir saor,   415
'O bhéul bu neo-shlaopach glòir.
'N uair dh' éir'gheadh Ulisses caoin
Gliocair ab' fhad-sgaoilteach cliù,
Sheasadh e mannta neo-dhàn,
'S cha togadh o'n làr a shùil.   420
Chìte 'na làimh colbh nam buadh
Gun ghluasad a nunn no nall :
Shaoilte gum b' oinid gun chonn,

No neach fo throm-fheirg a bh'ann.
Ach 'n uair leigeadh an sonn àigh   425
A ghuth osgarr' àrd o chliabh,
Fhroiseadh luath-fhoclan cho pailt
Ri cléideagan sneachd nan sian ;
Uror, tlàth, 's a chridhe 'steach
Thèurnadh an reachd feart'or dlùth ;   430
B' fhior ioghnadh do'n chluais da réir
Mar bhréugnaichte béum nan sùl.
Dh' fhiosraich Priam an treas uair :—
Cò 'm fear ud is uaimhreach com,
A ghuaillean mòr garbh 's a cheann   435
Air àirde o's ceann nan sonn ?
  Fhreagair Helen a bhrait-shròil,
(Réull gach òigh a chinn fo 'n ghréin !)
Sud dìdein nan Gréugach àigh
Ajax gaisgeil nan sàr éuchd.   440
Faic Idomen thall ud siar,
Lamh 'nam blàr mar dhia nan arm
Sud timchioll an t-saoi 'nan sréud
Tiugh theanal nan Créiteach garg.
'S tric thug Menelàüs cuilm   445
'N ar teach-ne do'n laoch le foirm,
'S e 'g astar o'n dilein chrom,
Thair uchd uaine nan tonn doirbh.
  Mar sin sios, air sgèimh nan gnùis
Dh' àirmhinn iad o' thùs gu déis :   450
Ach tha da bhuachaille chùil
Nach faic mi 'n reang dluth nan tréun.
Castor, marcach nan steud luath,
Pollux, mìlidh bu chruaidh dòrn,
Clann m' athar, 's mo mhàthar gaoil,   455
An da laoch mu nach faoin glòir.
'N saoil mi 'n d'fhàg mo bhràithrean grinn
Lacedæmon, tir mo rùin,

Chum aiseag gu Tròidh air luing
A measg chàich thair dhruim nan sùgh !   460
Dh'fhaoidte gun tug cùis is fearr
Gniomh do laimh nan àrmunn ur ;
Dh'fhaoidte gun mheas mar spìd
Dion peathar a mhill a cliù.

Labhair i gun fhios nam fàth,   465
'S iadsan 'na n tìr ghràidh fo'n fhòd,
'N an suain fo fhuar-ghlaic a bhàis
Gun chuimhn 'air a bhlar ni 's mò.

'N sin thriall an luchd gairm romh'n stuaigh
Giulan àsuinn nan cruaidh mhionn,   470
Da uainein a's searrag dhonn,
Lom-lann fiona brigh an Fhuinn.
Aig fear dhiu bha geal-mhias mhòr,
'S na cùirn òir bu dealrach sgiamh ;
Ghluais e faisg ; b' Idæus ainm,   475
'S so mar ghairm e'n ceannard liath :—
  A shliochd Laomedoin thréin !
A righ aosmhoir fhéil na Tròidh !
Eirich agus lean mo chéum,
'An éisdeachd do ghairm nan slògh !   480
Tha Gréugaich nam mailleach ùr,
'S Tròidhich nan steud lùth'or, lom,
A feitheamh ri d'theachd da 'n còir
'S gun naisgeadh tu 'm bòidean trom.
Paris òg, 's an Spartach garbh,   485
Le fad shleaghaibh nan calg caol,
Ni càth air-an àilein réith,
'S gheibh am Buadhach léug nan gàol,
Mar sud, 's a h-earras gu léir :
Eugadh 'na dhéigh fuath a's fearg :   490
Comhnuicheadh tuath Thròidh 'nan tir
Air sgath fuinn nam mìle sealbh :
Greugaich lionmhor nan long luath.

Grad aisigeadh uainn thair sàil
Gu h-Argos, tuineadh nan tréun,   495
Fonn nan steud, 's nan Ribhinn àigh.

     Chual an Righ le aigneadh ghoirt:
Dh'iarr e gun gleust' a chuid each;
Ghabhadh mu'n òrdugh le toirt,
'S bha 'n da steud gu grad fo'm beairt.   500
Dhirich Ceannard bu mhòr aois,
Tharruing e 'n t-srian gu'n taobh cùil:
Mar-ris shuidh Antenor garbh
Shuas air charbad nan dealbh ùr.
Romh dhorus Baile nan tùr   505
'Stiuir iad na h-eich chruitheach bhàn,
'S air teachd gu cruinneadh nan tréun
'Nios o'n charbad léum gu làr.
Thriall iad gu meadhoin an raoin,
Tròidh, 's a Ghréig 'na n srèud gach taobh: 510
'Na 'n còmhail sud, ghluais 'na dheann
Agamemnon Ceann nan laoch.
Mac Laerteis, bu mhòr céill,
Ghreas mar-ris an tréun a nunn;
'S chruinnich na maoir-ghairm gu beachd,   515
'S gun suidhichte reachd nam mionn.

     Mheasgnaich iad am fion 'sa mhèis,
'S thaom uisg air da laimh nan Rìgh:
Tharruing deagh-Mhac Atreus sgian
Chleachd bhi siar air a thruaill ghlrinn.
Ghearr iad bad-mullaich nan uan   320
'S roinn na maoir mu chuairt nan cliar:
'N sin thog Righ na Gréig a làmh
'S ghairm gu h-ard le cràbhadh dian :—
    Eisd, a Righ is dealrach glòir!
Athair Neamhaidh, mhòir, Bhith-bhuain,
Dha 'n ionad apraidh do ghnàth
Teampull Ida nan àrd chruach!

A ghrian a shjubhlas an spéur
Farsaing réith o' cheann gu ceann !   305
Aimhnichean tha' triall a ghlinn !
'S a Thalaimh o'n gin gach Clann !
A Chumhachdan dubh a Ghruinnd,
A fhuair smachd o's cionn na dh'éug,
A phianas luchd brisdeadh mhionn,   535
'S gach, Righ a chuir suim 'sa bhréig !
Togaibhs' an diugh fianuis fhior,
'S biodh bhur neart mar dhion do'n Chòir !
Ma thuiteas an Gréugach àigh
'S a chòmhrag le Paris òg,   540
Helen 's a h-earras gu léir,
Glacadh e da 'réir mar dhuais ;
'S theid sinne gu 'r dùthaich ghaoil,
Le 'r loingeas thair raon a chuain.
Mu thuiteas Paris le laimh   545
Mhenelàüis a chùil réith,
Liùbhraidh na Tròidhich gun dàil
Helen ghràidh 's a maoin 'na déigh ;
Iocaidh iad ùmhladh do'n Ghréig
Eirig nam mi-bhéus a rinn,   550
A stiuras cinnich gu reachd,
'Sa chuimhnichear fad gach linn.
Mu'r diol Priam 's a chuid mac
An t-shuim cheart, 's gur leinne buaidh ;
Cogaidh mi'n so, cian mo réith   555
Gu dìth feuma 'n darna sluaigh.
 An sin, leis an ealtuinn chòrr
Ghearr e sgòrnain nan tri uan,
'S chuir sios iad air lòm a bhlàir
Ag anmadaich 'sa spàirn chruaidh.   560
Ghrad-imich romh 'n lot an deò,
S an fhuil bharcach dhoirt mun fheur:

'N sin, thaom iad fion as gach còrn,
'S rinn ùrnuigh ri sloigh nan spéur.—
   Ard-Righ nan Cumhachd ud shuas! 565
'Sa Fhlaithean tha buàn an glòir!
Co dhiu cinneach le droch rùn
A bhrisdeas a mhionn da'n deòin
Gun rùith glas-eanchaill an cinn
Mar am fion s' air làr an fhuinn! .570
Eiginn nàr da 'm bannal grinn!
Bruan-spealtadh an àir da 'n cloinn.
   B' amhluidh sud achain nan slògh,
Ri h-Iompaire mòr nan nial,
Ach dhiùlt e 'n t-iarratas faoin, 575
'S sgap air aodann ghaoth nan sian.
Labhair 'an sin Priam fòill,
'S è n trom-bhròn le h-imcheist chruaidh :—
Eisdeadh na Tròidhich gu leir
Is Gréugaich nam màilleach nuadh. 580
Cogadh an da thriadh mu bhuaidh ;
Ach deantar truas riums am aois :
Cha'n fhaic an t-shùil so gu bràth
Gàbhadh bàsmhor mo mhic ghaoil!
Fuilgear' dhomh pilleadh gum' stuaigh ; 585
'S co dhiu sud da 'n dual an t-Eug,
Dhuitse 's aithn' a Righ tha shuas,
'S do Chùirt naomh bhith-bhuain nan speur!
Thuirt an triath ab'aoigheil gnùis,
'S chuir 's a charbad ùr na h-uain ; 590
Dhirich e 's shìn srian nan lùb
Gu taobh-cùil nan crùth-each luath.
Shuidh Antenor suas ri thaobh
'S a bhall chaoin bu liobhaidh snuagh,
'S mharcaich iad do'n Dùn na'n still, 595
Air inneal bu shlinntreach fuaim.
   'N sin, dh'imich Hector nan conn,

'S deagh Ulisses bu mhaith loinn;
Toimhseadar le sreing am fonn,
'S thilg 's a cheann-bheairt mhìn na croinn,　600
Dh' fhèuchainn co dhiu sonn air thùs
Thilgeadh an t-sleagh chiùrrach ghèur:
An da fheachd ri h-aoradh cruaidh
'S an lamhan a suas 's a'n speur:—
A Dhia th' air Ida nan sgùrr!　605
Athair is mò cliù is glòir!
Leag thusa dioghaltas ceart
Air a cheann a dh' fheachd o'n chòir,
Ceann aobhair cogaidh nam pian
Iomain sios do dh' ifrinn fhuair;　610
Naisgeadh càch le cairdeas sìth,
'S èugadh a chaoidh strìth a's fuath.
　Sheall Hector a thaobh a chùil,
'S chrath a cheann-bheairt dhluth le laimh:
Crann Pharis bha' mach an tùs;　615
Sud a chùis a stiùir an dàn.
Shuidh na làn theanail ma'n fhonn,
A dh' fhaicinn nan sonn a strìth,
An taic reang nan crùth-each luath
'S na'n airm bhreac bu shnuagh'or lìth.　620
　Chaidh Paris uasal air ghléus
Leannan Hélen nan òr-chuach,
'S chàirich air a ghuaillibh àigh
An comhdach de'n stàillinn chruaidh.
Shìn e na h-osain, 'an tùs　625
Mu chalpannan ùr-gheal garbh;
Ailbheagan airgid gu léir
Dhùin a bheairt bu cheutach dealbh.
'N sin, cheangail an laoch mu chliabh
Gòrsaid phrais le h-iallaibh teann,　630
Uchd-éideadh Licäoin òig,
'S cuimt' a fhreagradh an còrr-bhall.
　　　　　S

Chroch e siar ri thaobh o'n bhoinn
Claidheamh réull-airgiodach grinn;
Sgiath chumadail tharbhach throm　　　　　635
Mar dhìdein do chom an t-shuinn.
Chaidh biorraid bu loinntreach snas
Mu cheann gaisgich bu mhòr toirt;
Gaoisid chléideach an eich ghlais
Uaimhreach 'ga crathadh mun dos.　　　　640
Ghabh e 'n t shleagh chosgraidh 'na ghlaic
Bu mhath gu h-iomairt air chleas;
'S ghrad chaidh Gréugach nan gniomh bras
Mar chòmhlath fo armaibh deas.
'N uair dhealraich 'na 'n cruaidh na laoich 645
B' earghlaiseach le fraoch an greann,
A céum gu còmhrag romh'n fhonn,
Eadar an da shlogh 'nan deann.
Ghair'snich le ball-chrith gach feachd,
Air teachd do na gaisgich dlùth,　　　　650
Faicinn crathadh nan sleagh trom
'An garbh-ghlacaibh nan sonn gnùth.
Thilg Paris le uile neart
An t-shleagh * fhad fhaileasach luath;
Bhuail e Meneläus tréun,　　　　　　655
Air clàr sgéithe nam breac-dhual.
Ga b'aintheasach buille 'n tréin
Idir cha do ghéill a chruaidh;
Ghrad-mhaolaich an leachd a bàrr
'S thuit an crann air làr gun bhuaidh.　　660
Dh'eirich air ball le shleagh phrais,
Sàr-mhac Atreuis nan cath dian,
Ag ùrnuigh 'o ghrunnd a chrìdh
Gu'n comradh leis Rìgh nan dia.
'Dioghail mis', Athair nan slògh,　　　665
Dhuit is èol mar fhuair mi tàir:
Paris a dh' oibrich an gò

* δολιχόσκιον.

Grad-thuiteadh gun deò fo'm làimh,
Mar shanus buan do gach tir,
'S gùn oilltich gach linn gu bràth   670
Romh'n droch aoidhe 'nochdas foill
Mar ath-dhiol air caoimhneas gràidh.
Chuimisich e 'n sin 's thilg 'na deann
Sleagh bu chian-dhuatharach crann;
Bhuail i sgiath Pharis le fuaim   675
'S thorchuir cliath bu shnuaghar loinn.
Sgoilt an géur-iarunn gun bhàigh
Uchdach phriseil nan sàr-dhealbh;
'S romh 'n lùirich ri taic a chléibh;
Shiubhail trom-ghath nan réub searbh.   680
Chrom Paris le geilt a chorp,
'S sheachainn e dubh-lòt an Aoig;
Ghrad-tharruing an Greugach garbh
Lann nan réull airgid o thaobh.
Le buille thorunnaich thruim,   685
Bhuail e cheaunbbeairt bu ghrinn bàrr
Ghliongraich an lann ris a chruaidh,
'S thuit 'na bruannibh soills' air làr.
Dh'osnaich Mac Atreuis gu géur,
'S thog e 'shùil ris an spéur chian: 690
Athair Iòbh! nach goirt a chùis:
Gur tu 's meallt an cùirt nan Dia?
Dh' earb mi gun dioghlainn mo thàir:
Thilg mi 'n t-shleagh gun bhàs gun bhéum;
Bhris mo chlaidheamh loinntreach caoin,   695
'S tha 'n dearg-chiontach saor o bheud!
Ghlac e 'n sin le buathadh garg,
Dos na ceann-bheairt na gharbh-ghlaic;
Spion e 'n t-òg a nunn romh 'n fhéur
Thun nan Greugach le tréun-neart.   700
Bha iall bhreac-dhealbhach nan gréis
A dhaingnich an t-éideadh dlùth,

Mu 'sgòrnan maoth seachad siar,
A chràdh-phianadh an t-shuinn ùir.
B' fhèumail sud dòn Ghreugach chòrr,   705
'S chrùinte 'n gniomh le glòir bhith-bhuain,
Mur bhith Venus nan geal'-ghràdh
Dh' fhoir gu tràth air 's a-chàs chruaidh.
Bhrisd ise 'n iall righinn theann
Do leithear feannt' an daimh òig,   710
Dhluth lean ri laimh thoirteil thruim
A bheairt chruinn, gu falamh, còs.
Chuibhlich e 'm faobh le garbh chuairt,
'S thilg a suas sa speur le srann,
Gu dearbh-chairdean a shluaigh fein,   715
'S ghlac na Gréugaich an t-ur-bhall.
An t-ath ruathar thug e nunn,
A léir-sgrios an t-shuinn le 'chruaidh;
Ach theasraig Venus an triath
'An tiotadh, mar Dhia bith-bhuan.   720
Dh fhalbh i leis romh 'n fhailbhe ghuirm,
'S chòmhduich 'an tiugh-chirb de neoil ;
Thug i steach e 'n lùchairt àigh
'S shin gu tlath air uirigh 'phòsd.
'Sgaoil i feadh thalla na mùirn   725
Fàileadh cùrraidh mar dhriùchd nèimh,
'S thill i dh' iomchar fios gun dàil
Do mhnaoidh ghràdhaich nan glan sgèimh, &c.

PROSNUCHADH GHALGACUIS, *Ceann-feadhna nan Gaidheal, 'n uair a bha iad a' dol a chuir Cath ri Teachd na Ròimhe. Air a chuir an Gaelic.*

Le P. MACPHARLAIN.

A mhuinntir mo dhùcha agus mo cho-shaighd'eara!

'N uair a tha mi toirt fainear an aobhair m'an do tharruing sinn ar claidheannan, agus am feum a th' againn air buille tarbhach a bhualadh, m'an cuir sinn a rìs san truaill iad; tha mi mothachadh dòchas aoibhneach ag èiridh suas 'am inntinn, gum bi air an là 'n diugh slighe air a fosgladh chum saorsadh Bhreatuinn a thoirt air a h-ais, 's a chum cuing sgreitidh tràillealachd na Ròimhe a chrathadh dhinn. Tha Ghaeldachd fhathast saor. Cha b' urrainn uile-chumhachd ghramail na Ròimhe ar saorsadh a ghlacadh. Ach 's ann a mhàin le treubhantas a choimhdear i. Cha'n ion duibh fiuthair a bhi agaibh, gun d'thèid sibh as o luchd-creachaidh a chinne-daoine trid bàighealachd. 'N uair a cheannsuichear na dùchanna air am fasa ruigheachd, thèid iad an sin air an aghaidh dan ionnsuidh-san air an deacaire buaidh a thoirt. Agus ma bheir iad buaidh air an talamh uile, bheir iad a rithist oirp air am feachd a chuir gu taobh thall a chuain mhòir, a shealltuin nach 'eil fhathast rioghachdan neo-aithnicht' ann, air an d'thoir iad ionnsuidh, 's an tabhairt fo chìs do dh'iompaireachd na Ròimhe. Oir tha sinn a' faicinn, ma mheasar tìr cumhachdach, gun tabhair na Ròimhich ionnsuidh orra, chionn gu bheil a closnachadh cliuiteach; ma tha i neo ainmeil an gaisge, a chionn gu'm bi a bhuaidh so-fhaotuinn; ma tha i saibhir, tha iad a' teachd le fiuthair ri

cobhartach ; ma tha i bochd, le dèigh air alladh.
Tha'n àirde n-ear agus an iar, an àirde deas agus
tuadh, aghaidh na cruinne gu h-iomlan, air an
sàruchadh le'n cogadh ; tha 'n saoghal m'an iath
ghrian ro-bheag arson an gionaich agus an sainnt.
'S iad fein an t-aon sluagh a chualas riamh a bha
co dèigheil air rioghachd bhochd ri rioghachd
shaibhir a cheannsuchadh. 'S coltach gur e 'm
prìomh-shonas bhi creachadh, a' cogadh, 's a dort-
adh fola ; 's an uair a dh' fhàsaicheas iad dùthaich,
's nach fàgar duine beo innte is urrainn airm a tho-
gail nan aghaidh, an sin their iad, gun d' thug iad
sìth do'n tir sin.

Dh' orduich nàdur fein do na h-uile dhaoinibh,
gu'm biodh am mnài agus an clann ro-ionmhuinn
leo. Ach tha dearbh-chinnt aguibhse, a mhuinntir
mo Dhùcha, gu bheil na fleasgaich air an d' thug-
adh buaidh air an tarruing air falbh, a dheanamh
suas feachd na Ròimhe. Tha mnathan, pear-
aichean, agus nigheana nan daoine a ghèill doibh,
an darna cuid air an èigneachadh, no air an truail-
leadh le seoltachd nan creachadairean an-iochd-
mhor sin. Tha toradh an dìchill air a shlad, a
dheanamh suas na cìs a leagadh orra le gionach
fòirneartach. Tha na Breatunnaich a' cur am mach-
raichean ; ach tha na Ròimhich chìocrach gam
buain. Tha ar cuirp air an sàruchadh a' deanamh
oibre dhoibh ; agus 's è buillean agus tàir am buidh-
eachas a th'aguinn an co'lorg ar saoithreach.
Tha iadsan a rug nan tràillibh, air an ceannach
agus air an cumail suas le 'n sealbhadoiribh : ach
tha'n tir neo shonadh so a' toirt duais arson i bhi
fo dhaorsadh, agus a' beathachadh na h-aitim a
tha ga toirt ann. Agus 's e ar cuidne de 'n
mhi-chliu is fior chràitiche, a chionn gur iad

muinntir an eilein,so is deireannaich a thainig fo'n
cuing thruaillidh. 'S e·am fúath a th' aguinn air
an-tighearnas, a choireadh is mò a tha brosnuch-
adh ·nan an-tighearnan, fòirneartach sin 'n ar
n-aghaidh. Tha sinn a bhi co fada o bhaile mòr
ar rioghachd, agus air ar dìon a thaobh nàduir leis
a chuan chuisleach uaibhreach a tha gar cuairt-
eachadh, gar fàgail buailteach d' an an-amharuis;
oir tha fios aca, gu bheil Breatunnaich air am
breith le fior ghràdh air saorsadh ; agus tha iad-
san a' meas, gur dù dhuinn bhi smaoineach air a
chothrom a ghabhail, uair no uair-eigin, air sinn
fein a shaoradh o'n cuibhrichibh.

Mar so mo Chairdean, le sinn a bhi air cuir an
duileachd, agus air ar fuathachadh, mar is eigin
duinn a bhi, leis 'na Ròimhich, cha'n ion duinn
fiuthair a bhi aguinn ri daorsa chuimsich fein a
mhealtuinn fòdhpa. Cuireamaid ma ta, ann an ainm
gach ni tha naomha, agus chum gach ni is caomh
leinn a dhìon, romhainn, oirp fhoghainteach a thoirt,
mar an na dh'fhaighinn cliu, air a chuid is lugha
gu bhi tearuinte ; mar ann a chumail suas meas
Bhreatunn, mar is lugha chum ar beatha a dhìon.
Cia dlù a bha na Brigantich air a chuing a chrath-
adh dhiubh——fo stiùradh boirionnaich! Loisg
iad ionad·còmhnuidh Ròimheach : thug iad ionn-
suidh air na Legionaibh Ròimheach nan campa.
Mar d- thugadh mar shoirbhich leo orra a bhi
tuille.'s earbsach asda fein, bha'n gnoth ach crioch-
naichte. Agus nach dean sinne, muinntir na
Gaëltachd, aig a' bheil ar criochan fhathast saor,
's aig a' bheil an neart gun lughdachadh ; nach
d'thoir sinn oirp, mo Cho'-shaighdearaibh, air
caileigin a dhèanamh, a nochdas do na creach-
adairibh coimheach sin, gu bheil aca tuille ri

dheanamh na bha iad 'am barail, m'an d'thoir iad
buaidh air an eilean uile?

Ach, an diaigh so uile, co iad na Ròimhich'
chumhachdach so? Co dhiubh a th' annta dée,
no daoine bàsmhor mor sinn fein? Nach 'eil sinn
a' faicinn iad ciontach ann am mearachd agus ann
an laigsinn mar dhaoin eile? Nach 'eil sìth gam
fàgail meath-chridheach? Nach 'eil saibhreas gan
truailleadh? Nach 'eil iad a' dol gu ana-bharra
anns na dubhailcibh is duaichnidh? Agus am faod
sibh a shaoilsinn gu bheil iadsan a tha comhar-
raichte ann an dubhaile, sònruichte ann an cruadal
cuideachd? Ciod, ma ta, roi bheil eagal oirn?——
An innis mi dhuibh an fhirinn, mo Chàirde? 'S
ann a thaobh ar n-eas-aonachd eadaruinn fein, a.
fhuair na Ròimhich na h-urrad cheannais oirn.
Tha iad a' gabhail cliu dhoibh fein o dhroch ghiul-
an an naimhdean. Tha iad a' deanamh uaill as
na rinn iad fein, agus nan tosd mu na dh' fhaod-
amaid a dheanamh nan aghaidh, nam biomaid a
dh'aon rùn. Co e am feachd ainmeil Ròimheach
so? Nach 'eil e air a dheanamh suas le sluagh
o ioma dùthaich; cuid is teomadh air cogadh no
dream eile; cuid ni 's murraiche na chèile air
cruaidh-chas fhulang! Tha iad a' fuireach co'-
lath am feadh a tha chùis a' soirbheachadh leo.
Thugaibh ionnsuidh ghramail orra: sàraichibh
iad: 's chi sibh gum bi an sin am barrachd eas-
aonachd nam measg-san, na tha 'san àm so 'nar
measg-ne. Am faod aon neach a shaoilsinn,
gum bi daoine o Ghaul, o'n Gearmailt, agus le
nàire canam è, muinntir Bhreatuinn fein, atha gu
nàr mi-chiatach a' co'-aontachadh le luchd-spùin-
nidh an Dùcha; tha mi ràdh, am faod aon neach a
bharaluchadh gu bheil iad sin air an cumail ri

chèile le dìllseachd agus carthannachd? Cha'-
n'eil, se eagal, ceangal na sìth nam measg-san.
Agus an trà sguireas geilt a dh' oibreachadh air
inntinn a chumasg mhòr shluaigh sin, bheir iadsan
a tha 'n dràsta fo eagal, fuath d'an-an-tighearnan
an-iochdmhor.—Tha air ar taobh-ne, gach ni is
urrainn ar brosnuchadh gu cruadal. Cha'n'eil
misneach nan Ròimheach, mar ar misneach-ne, air
à dùsgadh suas le eagal gun tuit ar mnathan agus
ar clann 'an lamhaibh ar naimhdean. Cha'n'eil a-
thair no màthair 'an sò aca mar th' aguinne, gu
masladh a thoirt doibh ma thrèigeas siad iad nan
sean aois. Cha'n'eil tìr ac' an so gu cogadh as a
leth. Cha'n'eil annt' ach co'-chruinneachadh
suarrach de choigrich, ann an dùthaich, air a bheil
iad aineolach; air an gearradh a mach o'n tìr fein,
air an ioma-dhruideadh a stigh leis a chuan; agus
tha dòchas agam, air an toirt thairis dhuinne mar
chobhartach, gun seol sam bith aca gu dol as. Na
cuireadh fuaim ainm Ròimheach faitchios oirbh;
ni mò a chuireas dealradh lonnrach an òir no an
airgid air an armachd sgleo air ar sùilibh. Cha'n
ann le òr, no le airgiod, a lotar no a dhìonar
daoine; ge d' is ann le'n samhuil sin a bhios iad
nan cobhartach ni's tarbhaiche dhoibh-san a bheir
buaidh. Thugamaid gu misneachail an aghaidh
air a phrasgan neo-aontachail so. Gheibh sinn am
barrachd neart uapa fein. Fàgaidh na Breatunn-
aich thruaillidh, a tha nam measg, a chuir cùl
ri leas an dùthcha iad, agus thig iad d'ar n-ionn-
suidhne. 'Nuair a chuimhnicheas na *Gauls* air
an t-saors' a bh'aca romhe so, 's gur iad na Ròimh-
ich a chuir gan dì i, trèigidh iad na h-ann-dligh-
ich sin, agus cuiridh iad le luchd chothachadh na
saorsadh. Leanaidh na Gearmailtich eisimpleir

muinntir an dùthcha, na *Usipii*, a dh'fhàg o
cheann ghoirid iad.. Agus co roimh 'n sin a bhios
eagal oirbh? Beagan de dhaighnichibh air an
leth riaruchadh le freiceadan; beagan bhailtean,
air an àiteachadh le daoin' air an sàruchadh agus
air an claoidh: tha aimhreit a'buadhachadh nam
measg, a'g èiridh o stràichd an uachdarain, agus
o cheann-laidiread nan ìochdaran. Tha air ar
taobh-ne, armailt a dh'aon rùn ann an aobhar an
dùthcha,. am mnathan, an clann, am pàrantan
aosda, an saorsainn, agus am beatha. Air cheann
an fheachd so, tha dòchas agam nach 'eil mi mì-
mhodhail, 'n uair a their mi gu bheil, Ceann-
feadhna, a tha ullamh chum gach comas ath'aige
ghnàthachadh, a rèir mar tha iad, agus gu bheatha
a chuir an cunnart gar treòruchadh gu buaidh
làraich agus gu saorsadh.

Cuiream a nis crioch air an earail so, a mhuinntir
mo Dhùthcha, agus mo Cho'-luchd-saoithreach-
aidh, le chuir nar cuimhne, gur h-ann ri'r giulan
air an latha an diugh a tha ar sìth agus ar saorsadh
ann an earbsa, no sibh a strìochda do nàmhuid
stràiceil uaibhreach, leis gach dosguinn a bhios
na cho'-lorg. 'Nuair ma ta, a thèid sibh an sàs
annta cuimhnichibh air na daoinibh o'n d'thainig
sibh.—Agus smaoinichibh air 'ur slìochd fein.

PYRRHUS AGUS FABRITIUS.
Air a chuir an GAELIG *le P. Mac Pharlain.*

BHA coinneamh eadar na Ròimhich agus *Pyrr-
hus* righ Mhacedon, mu iomlaid chiomach; agus an
diaigh do *Phyrrhus* èisdeachd a thoirt do theachd-
airibh na Ròimhe, thug è Fabritius a leth-
taobh, agus thuirt è ris mar a leanas, 'Air do

'shonsa, a *Fhabritius*, tha mothachadh agam air
'do mhòr-luach : Tha dearbh-chinnt agam gu
'bheil thu a d' rogha cinn-fheadhnaidh, agus fìor-
'fhreagarrach gu bhi air ceann an fheachd ; gu
'bheil ceartas agus measarrachd air an dlù-
'cheangal ri chèile a' d' ghiulan ; 's gu bheil thu
'gu cothromach air do mheas a'd dhuine fìor-
'mhathasach. Ach cha lugha tha do chinnt a-
'gam a' d' bhochduinn; agus 's eigin domh aideach-
'adh nach d' rinn am freasdal ceartas riut sa
'chùis so. Chum, ma ta, am mearachd sin a
'leasuchadh, (ma ni thu còmhna riumsa gu sìth
'urramach fhaotainn,) tha mi ullamh gus na h-
'urrad òir agus airgid a thoirt duit 's a dh'fhàgas
'tu ni 's saibhire na a h-aon de na Ròimhich ;
'air dhomh dearbh-fhios a bhi agam, nach fhaod
'a bheag do chostus righ a bhi ni 's measaile, no
'na bhuilicheas e chum uireasbhui dhaoine math
'a dheanamh suas, a tha trid am bochdainn, air
'an co-èigneachadh gu'n caithe-beatha bhi neo-
'fhreagarrach d'an deagh-bheus.

Fhreagair FABRITIUS *e air a mhodh so.*

'Mu thimchioll ma bhochduinn, fhuair thu fios
'cinnteach. Cha'n'eil agam do dh'oighreachd, ach
'tigh suarrach, agus mìr beag fearainn, o'm bheil
'trid saothair mo lamh, mo chumail suas ag èir-
'idh. Ach ma shaoil thu air aon chor, gun do
'lùghdaich mo bhochduinn mo mheas a'm dhùth-
'aich, no gun d'fhàg è neo-shonadh mi, tha
'thu fad air do mhealladh. Cha'n'eil cionfath
'agam gearan a dheanamh an aghaidh an fhreas
'dail ; tha e buileachadh orm na tha feumail
'domh : agus ma tha mi as eug'ais anbharra, tha

‘ mi mar an ceudna saor o bhi dèigheil orra. Tha
‘ mi ’g aideacha le ’m bi agam, gum bithinn
‘ murrach cobhair air an fheumach, an t-aon ni
‘ arson am bheil na daoine saibhir nan diol-far-
‘ maid: ach, beag ’smar tha th’agam, ’s urrainn
‘ domh caileigin deth a bhuileachadh air cùm-
‘ ail suas leas mo thìre, agus fòir air mo chàird-
‘ ibh. A thaobh urraim, tha muinntir mo dhù-
‘ thacha, bochd ’s mar tha mi ga m’ chuir an co’-
‘ leagadh ris an aitim is saibhire: oir cha ’n aith-
‘ ne do ’n Ròimh buaidhean aithrigh air a dreuchd-
‘ an is àirde ach subhailc agus comas. Tha i gam
‘ òrducha gus na deas-ghnàthaibh is àirde xa
‘ h-aoradh a fhrithealadh; tha i ’g earbsa riagh-
‘ ladh a feachd rium; tha i taice a gnothaichean is
‘ ro-chudthromaiche rium. Cha’n’eil mo bhochd-
‘ uinn a lughadacha mo mheas no m’ impidh
‘ an comhairle an t-seanaidh: tha muinntir na
‘ Ròimhe ’g am onarachadh, arson na ceart bhoch-
‘ duinn a tha thus a’meas na masladh dhomh: tha
‘ iad fiosrach air a choi’-lion cothrom a bh’agam
‘ ri àm cogaidh gu mi fein a dheanamh saibhir,
‘ gun achmhasan; tha iad mothachail air m’eud
‘ neo-leth-phairteach chum an leas; agus ma tha
‘ cionfàth gearain agam, ’s ann arson a ro-mheud
‘ sa tha iad ga m’ mholadh. Ciod ma ta am meas
‘ a dh’fhaodas a bhi agam air t-òr no t-airgiod?
‘ Ciod an righ is urrainn a bheag a chuir ri m’
‘ shonus? Sior ullamh chum gach dleasnas a
‘ bhuineas domh a choilionadh, tha m’inntinn
‘ saor o FHEIN-AGARTAS, agus tha mo CHLIÙ
‘ IONRAIC.’

CRIOCH

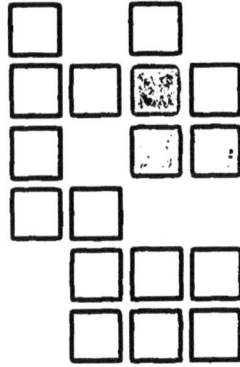

9 781022 432093